우리말의 온도 사전

체온 36.5℃를 기준으로 보는
우리말이 가진 미묘한 감정의 온도들

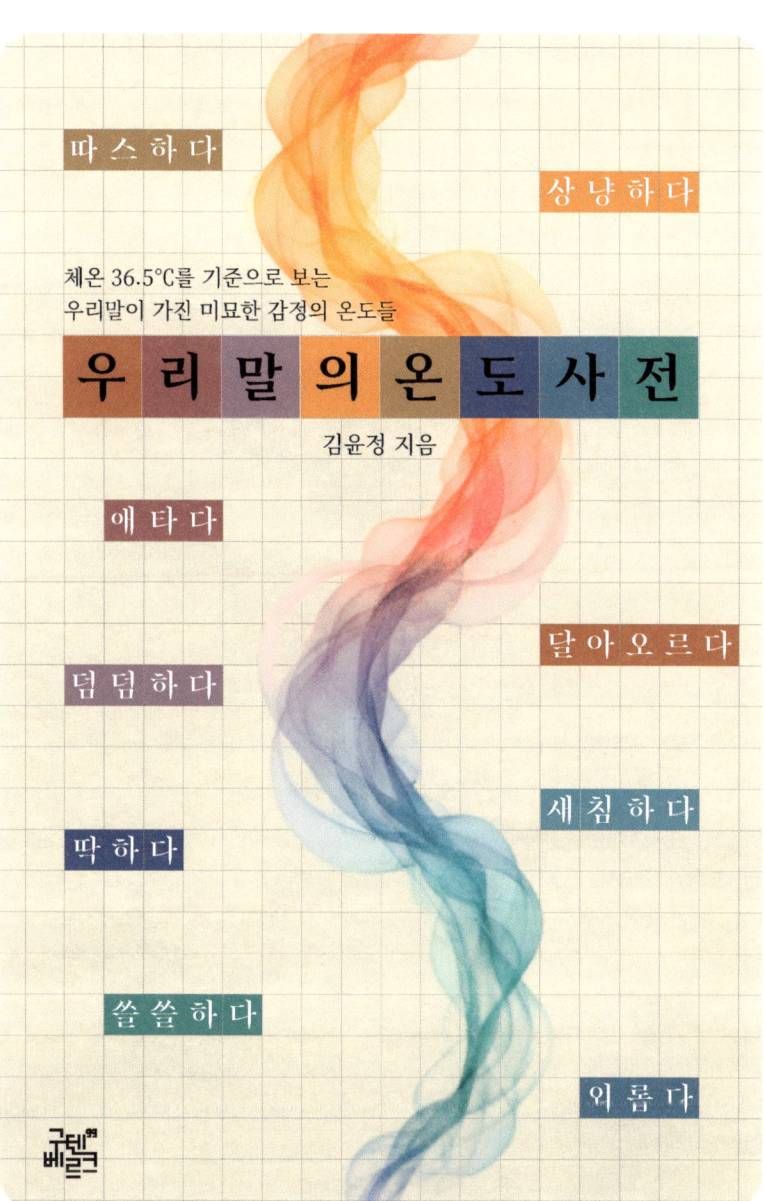

체온 36.5℃를 기준으로 보는
우리말이 가진 미묘한 감정의 온도들

우리말의 온도사전

김윤정 지음

《우리말의 온도 사전》을 200% 즐기는 법
닻단어와 쪽단어 활용 가이드

《우리말의 온도 사전》은 우리말의 미묘한 온도 차이를 섬세하게 느끼실 수 있도록 독특한 짜임새로 구성되었습니다. 이 책을 더 깊이 있게 활용하실 수 있도록 그 구성과 활용법을 안내합니다. 이 책의 모든 단어는 두 가지의 체계, 닻단어와 쪽단어로 이루어져 있습니다.

① 닻단어 [Anchor Word]

닻단어는 감정의 중심축이 되는 핵심 단어입니다.

각 장(온기, 열기, 냉기, 미온)의 중심이 되는 보편적인 감정들을 '닻단어'로 삼았습니다. 닻단어는 해당 단어를 깊이 음미할 수 있도록 4~5페이지 분량의 에세이와 함께 제시됩니다.

닻단어 활용법 먼저 닻단어와 에세이를 읽으며, 감정의 중심에 닻을 내리듯 그 단어가 품은 고유의 의미와 감각, 저자의 이야기에 천천히 몰입해 보시기 바랍니다.

② 쪽단어 [Related Word]

쪽단어는 닻단어에서 파생되거나 그 결을 함께하는 단어입니다.

하나의 닻단어 에세이가 끝난 직후, 그 닻단어에 귀속된 여러 개의 쪽단어가 이어서 제시됩니다. 쪽단어는 짧은 호흡의 핵심 정보로 구성되어 있습니다.

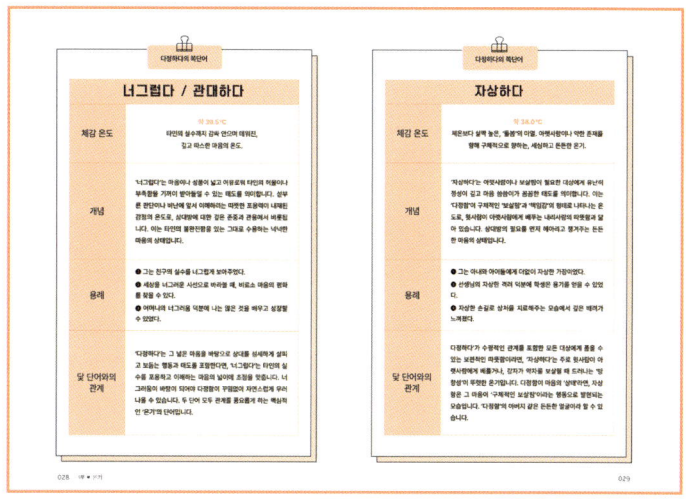

쪽단어 활용법 닻단어를 통해 감정의 중심을 잡았다면, 이어지는 쪽단어들을 살펴보며 닻단어와는 어떤 미묘한 차이가 있는지 그 결을 비교해 보십시오.

차례

프롤로그

말에도 온도가 있다면 ... 010

1부 | 온기 (溫氣) : 체온에 가까운, 나를 보듬는 말들

★ 다정하다 ★ ... 020

너그럽다, 자상하다, 상냥하다, 살뜰하다, 사랑옵다,
어여쁘다/예쁘다, 곱다, 맑다/말갛다

★ 포근하다 ★ ... 034

푸근하다, 안온하다/평온하다

★ 살갑다 ★ ... 042

반갑다, 친근하다

★ 훈훈하다 ★   ... 050

온화하다, 따끈하다/따뜻하다

★ 정겹다 ★   ... 058

오순도순, 오붓하다, 흐뭇하다, 구수하다

★ 아늑하다 ★   ... 068

고요하다, 호젓하다, 아기자기하다, 조촐하다

2부 | 열기 (熱氣) : 심장을 데우고, 때로는 태우는 말들

★ 애타다 ★   ... 080

애끓다, 초조하다

★ 벅차다 ★   ... 088

감격스럽다, 충만하다

★ 설레다 ★   ... 096

들뜨다, 두근거리다

★ 북받치다 ★   ... 104

울컥하다/왈칵, 분하다, 억울하다

★ 뜨겁다 ★   ... 114

후끈하다, 달아오르다, 열렬하다, 화끈하다

★ **안달나다** ★ ... 124

조바심, 숨가쁘다

3부 | 냉기 (冷氣) : 마음의 틈으로 스며드는 서늘한 말들

★ 쓸쓸하다 ★ ... 134

서늘하다, 썰렁하다, 서글프다,
울적하다, 적적하다, 고즈넉하다

★ 쌀쌀맞다 ★ ... 146

무뚝뚝하다, 까칠하다, 새침하다,
시큰둥하다, 마뜩잖다, 모질다

★ 시리다 ★ ... 158

차갑다, 춥다, 싸늘하다, 얼어붙다

★ 서운하다 ★ ... 168

야속하다, 토라지다/삐치다

★ 외롭다 ★ ... 176

고독하다, 홀로

★ 휑하다 ★ ... 184

공허하다, 메마르다, 맥없다, 시들하다

4부 | 미온(微溫) : 이름 붙이기 어려운 복잡한 마음의 결

★ 시원섭섭하다 ★   ... 196
만감, 후련하다

★ 아쉽다 ★   ... 204
허전하다, 모자라다/부족하다

★ 애틋하다 ★   ... 212
아련하다, 딱하다/가엾다

★ 어정쩡하다 ★   ... 220
뜨뜻미지근하다/미적지근하다, 긴가민가하다,
미심쩍다, 멋쩍다/겸연쩍다

★ 덤덤하다 ★   ... 230
담담하다, 무덤덤하다, 심심하다/무료하다, 한갓지다

★ 쓸쓸하다 ★   ... 240
하염없다, 하찮다/변변찮다, 언짢다, 허탈하다

프롤로그
말에도 온도가 있다면

　아이들과 함께 국어를 공부하다 보면, 예기치 못한 순간에 언어의 민낯과 마주할 때가 있습니다. 정답과 오답의 구분을 떠나, 말이 가진 본연의 힘, 그 서늘하거나 따스한 살결을 느끼는 순간입니다.

　얼마 전 내가 사랑하는 사람이라는 주제로 짧은 글을 쓰는 시간이 있었습니다. 한 아이가 자신의 할머니에 대해 쓴 글을 발표했습니다.

　"저희 할머니는 좋은 분입니다. 저에게 늘 잘해주시고, 제가 가면 항상 맛있는 것을 해주십니다. 할머니는 좋은 사람입니다."

　아이의 글은 흠잡을 데 없었습니다. 맞춤법도, 문장의 호응도 바르며 진심이 담겨 있었죠. 하지만 글을 다 듣고

난 뒤, 교실에는 잠시 어색한 침묵이 흘렀습니다. 아이의 마음속 할머니는 세상 누구보다 특별한 존재일 텐데, 좋은 사람이라는 단어는 어딘가 밋밋하고 서먹하게 들렸기 때문입니다. 마치 잘 다려진 하얀 와이셔츠처럼 흠은 없지만 온기는 느껴지지 않는 옷 같았습니다. 저는 아이에게 조용히 물었습니다.

"할머니를 생각하면 마음이 어때? 어떤 느낌이 들어?"
아이는 한참을 고민하더니 작은 목소리로 대답했습니다.

"음… 그냥 편안하고… 할머니 집에 가면 마음이 놓여요. 꼭 안아주시는 것 같고…"

"그래, 바로 그거야. 할머니는 너에게 참 포근한 분이시구나."

'포근하다'. 그 단어가 교실에 내려앉는 순간, 비로소 아이의 할머니가 모두의 눈앞에 그려지는 듯했습니다. 겨울밤 아랫목의 온기, 낡았지만 부드러운 스웨터의 감촉, 나를 온전히 감싸주는 따뜻한 품.

'좋다'라는 말로는 도저히 담아낼 수 없었던 수많은 감각과 온도가 '포근하다'는 말 한마디에 담겨 있었습니다. 아이의 얼굴에도 그제야 환한 미소가 번졌습니다. 자신의 마음과 꼭 맞는 단어를 찾았다는 안도감이었을 겁니다.

이날의 경험은 제게 오랫동안 화두가 되었습니다. 우리는 왜 그토록 많은 단어를 배우고 외우면서도, 정작 내 마음 하나 제대로 표현하지 못해 서툴러지는 걸까요. 어쩌면 우리는 말의 뜻을 외우는 데 급급한 나머지, 그 말이 품고 있는 고유의 온도를 잃어버리고 있는지도 모릅니다.

말에는 온도가 있습니다. 어떤 말은 한겨울 외투 주머니 속 손난로처럼 따뜻하고(온기, 溫氣), 어떤 말은 한여름 소나기처럼 열을 식혀주기도 합니다(냉기, 冷氣). 심장을 뛰게 하는 뜨거운 말이 있는가 하면(열기, 熱氣), 뜨겁지도 차갑지도 않아 더 마음을 복잡하게 만드는 미지근한 말도 있습니다(미온, 微溫).

'다정하다'와 '친절하다'는 비슷해 보이지만, 친절이 예의 바른 행동이라면 다정은 마음에서 우러나오는 따스한 기운에 가깝습니다. '쌀쌀맞다'는 말은 가을바람처럼 서늘한 냉기를 품고 있고, '활활' 타오른다는 말은 눈앞에 불꽃이 어른거리는 듯한 열기를 느끼게 합니다. 사랑하는 사람과 헤어진 뒤의 감정을 우리는 '시원섭섭하다'고 말합니다. 후련함이라는 서늘함과 아쉬움이라는 따뜻함이 공존하는, 세상 어떤 번역기로도 옮길 수 없는 미지근한 온도입니다.

이렇듯 우리말, 특히 우리의 정서와 감각에 뿌리를 둔 고유어들은 저마다 다른 온도를 지니고 있습니다. 하지만 언젠가부터 우리는 이 섬세한 온도를 감지하는 감각이 무뎌지는 듯합니다. 모든 것을 빠르고 효율적으로 처리하려는 흐름이 말에도 영향을 미치는 걸까요. 뜻이 통하기만 하면 된다는 생각에, 감정을 섬세하게 나누기보다 '좋다', '싫다', '괜찮다'는 몇 개의 단어로 뭉뚱그려 표현하는 데 익숙해진 나머지, 정작 내 마음의 미세한 결을 들여다보고 이름 붙여주는 법을 잊어가고 있습니다.

국어교사로서 저는 아이들이 시의 함축적 의미를 외우고 소설의 복선을 찾아내는 것만큼, 혹은 그보다 더 중요하게 자신의 마음을 표현할 언어를 갖게 되기를 바랍니다. 내 안에서 일어나는 감정의 움직임을 정확히 알아차리고 그에 맞는 단어를 찾아낼 때, 우리는 비로소 스스로를 이해하고 타인에게 온전히 가닿을 수 있기 때문입니다. 이것이 바로 '마음의 문해력(文解力)'이며, 우리가 살아가는데 더없이 필요한 능력이 아닐까요.

《우리말의 온도 사전》은 이 작은 소망에서 시작되었습니다. 이 책을 잊고 있던 우리말의 온도를 다시 한번 감각하고 내 마음의 온도를 재어볼 수 있도록 돕는 하나의 온도계이자 감정 처방전으로 보아주시면 좋겠습니다.

그렇다면 이토록 섬세한 우리말의 온도를 어떻게 구체적으로 나눌 수 있을까요? 저는 우리 몸과 마음이 가장 편안하게 느끼는 체온에서 그 기준을 찾았습니다.

36.5℃. 이는 우리가 살아있음을 느끼게 하는 온도이자, 타인과 온기를 나눌 수 있는 가장 기본적인 온도입니다. 저는 36.5℃를 평온함과 안정감의 기준으로 삼았습니다. 그리고 이 온도를 중심으로, 우리말 단어들이 품고 있는 각기 다른 느낌을 상상하며 세심하게 분류해 보았습니다.

첫째는 '온기(溫氣)'입니다. 내 체온보다 살짝 높아 기분 좋은 따스함, 가령 '다정하다'(약 37.0℃) 같은 말입니다. 쌀쌀한 날 누군가 잡아준 손의 따스함처럼, 내 체온보다 아주 약간 높아 기분 좋은 편안함을 주는, 혼자가 아니라는 위로의 온도입니다.

둘째는 '열기(熱氣)'입니다. 심장을 뛰게 하는 뜨거운 마음의 열병, '애타다'(약 40.0℃) 같은 말이지요. 몸이 아플 때 끓어오르는 열처럼, 우리의 마음 역시 간절함과 조바심으로 뜨거워지는, 평온한 상태를 벗어난 열정의 온도입니다.

셋째는 '냉기(冷氣)'입니다. 체온을 앗아가는 얼어붙을 듯한 마음의 거리, '쌀쌀맞다'(약 5.0℃) 같은 말입니다. 손끝이 시리고 발끝이 얼어붙는 듯한 차가움. 기대했던 온기가 사라지고 냉담한 시선만이 남았을 때, 온몸으로 느껴지는 아릿한 거리감과 싸늘한 마음의 표정입니다.

마지막은 '미온(微溫)'입니다. 뜨겁지도 차갑지도 않은 모호한 감정의 틈, '덤덤하다'(약 28.0℃) 같은 말에서 느껴집니다. 체온보다는 낮지만 극심한 냉기는 아닌, 모든 감각이 무뎌진 듯한 무덤덤한 상태. 격렬한 감정의 폭풍이 지나간 뒤의 공허함일 수도, 어떤 기대도 사라진 무감각일 수도 있는, 알 수 없는 모호함이 깃든 온도입니다.

이처럼 《우리말의 온도 사전》은 우리말 단어들이 품고 있는 각기 다른 감각을, 체온을 기준으로 한 상상을 더해 섬세하게 표현하고자 했습니다.

책장을 넘기다 자신의 마음과 꼭 닮은 온도의 단어를 만난다면, 잠시 멈추어 그 말을 가만히 품어봐 주십시오. 얼어붙었던 마음이 녹아내리고, 복잡했던 감정이 제자리를 찾는 따뜻한 경험을 하게 될지도 모릅니다. 이 사전을 통해 자신의 마음 상태를 더 명확히 이해하고, 지금 나에게 가장 필요한 온도의 단어를 찾아내는 즐거움을 누리시기를 바랍니다.

그럼 이제, 우리말의 잃어버린 온도를 찾아 함께 떠나볼까요?

일러두기

- 이 책은 우리말 고유어를 네 가지의 온도(온기, 열기, 냉기, 미온)로 분류하여, 각 단어에 얽힌 사전적 의미와 해설을 함께 수록했습니다. 단어에 대한 해설은 작가의 경험과 사유를 바탕으로 한 에세이 형식으로 서술되었습니다.
- 수록된 단어는 분량과 형식에 따라 긴 에세이 형식의 '닻 단어'와 짧은 해설 형식의 '쪽 단어'로 구분됩니다.
- 각 단어에 부기된 '체감 온도'는 단어가 지닌 감정의 강도와 성질을 나타내는 상징적 지표입니다.
- 수록 단어의 선정은 국립국어원 『표준국어대사전』을 기준으로 하되, 사람의 감정이나 상태를 나타내는 우리말 고유어를 중심으로 하였습니다. 단어의 표기는 현행 한글 맞춤법과 표준어 규정을 따랐습니다.

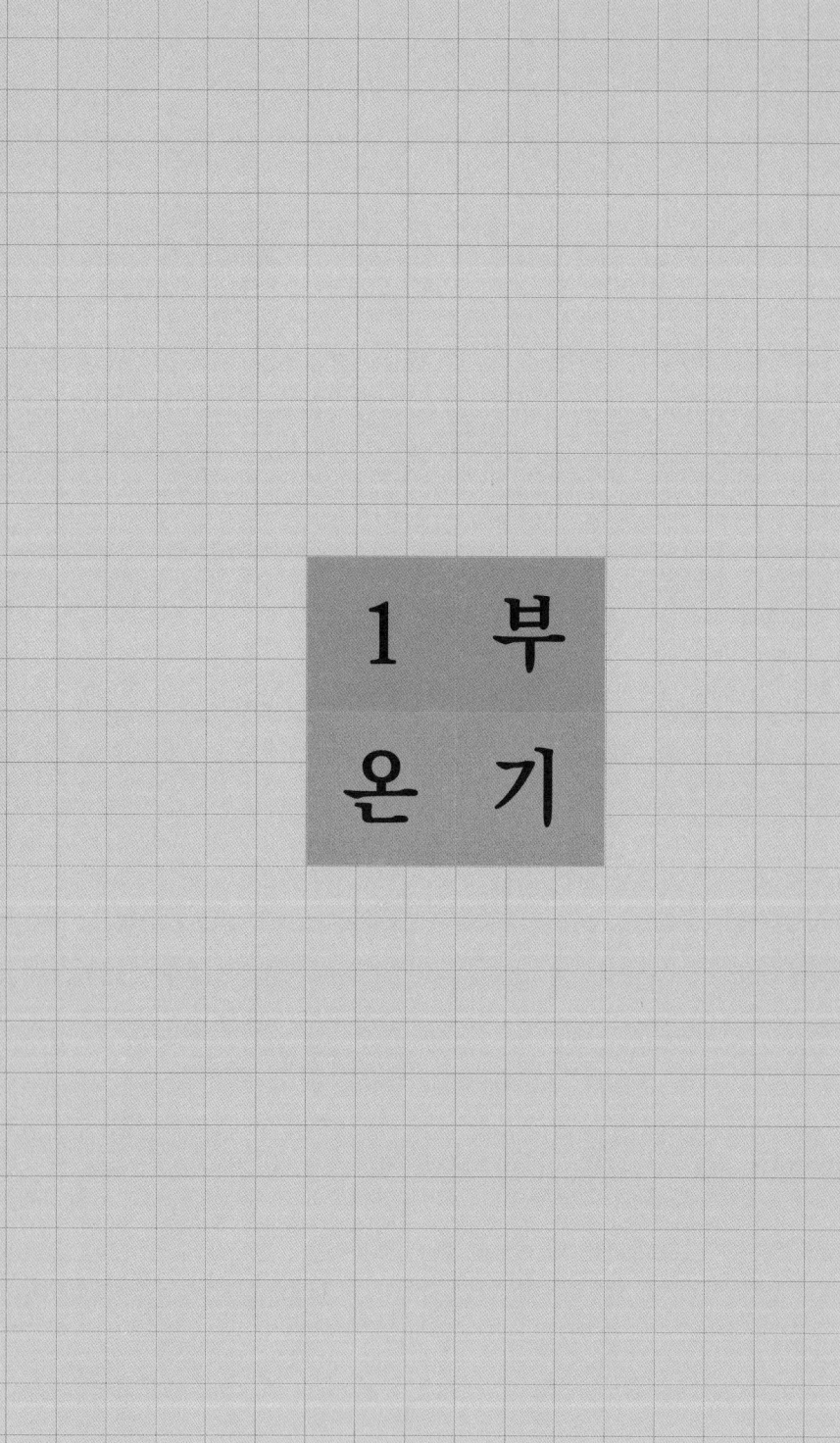

1부
온기

체온에
가까운
나를 보듬는 말들

낱단어

다정하다

네가 나를 기억하고 있다는 조용한 증거

의미 마음이 따뜻하고 정이 많아
상대에게 살뜰하게 대하는 태도가 있다.

용례 다정한 눈빛으로 아이를 바라보았다.
그는 누구에게나 다정하게 말을 건넨다.
오랜만에 만난 친구의 다정함에 마음이 녹아내렸다.

상황 언제?

위로가 필요할 때, 안부를 물을 때,
작은 것을 챙겨줄 때.

누구에게?

연인, 가족 등 가까운 사이는 물론,
도움이 필요한 타인이나 동물,
심지어 사물에게까지 애정을 가지고 대할 때 사용된다.

온도  **약 37.0℃**
내 체온보다 살짝 높은,
타인의 온기가 고스란히 전해지는 온도.
쌀쌀한 날 누군가 잡아준 손의 따스함과 같다.

친절한 사람과 다정한 사람은 어떻게 다를까요? 저는 종종 아이들에게 이 질문을 던지곤 합니다. 아이들은 보통 고개를 갸웃거리며 둘은 비슷한 말이 아니냐고 되묻습니다. 어른들도 쉽게 답하기 어려운 질문일 겁니다. 둘 다 따뜻하고 좋은 말이지만, 그 온도의 결은 미묘하게 다릅니다.

제 생각에 친절은 훈련될 수 있는 행동에 가깝습니다. 우리는 사회의 구성원으로서 타인에게 친절해야 한다고 배웁니다. 상냥한 미소, 공손한 말투, 약자를 위한 배려. 모두가 몸에 익힐 수 있는 훌륭한 덕목입니다. 하지만 때때로 우리는 완벽하게 친절한 사람 앞에서 오히려 옅은 서먹함을 느끼기도 합니다. 마치 잘 프로그래밍된 로봇처럼, 그 행동에 마음의 온기가 느껴지지 않을 때입니다.

하지만 다정은 다릅니다. 다정함은 훈련되는 행동이라기보다, 그 사람에게서 자연스레 흘러나오는 마음의 상태에 가깝습니다. 애써 노력하지 않아도 그저 존재하는 따스함. 그래서 우리는 친절한 사람보다 다정한 사람 곁에 더 오래 머물고 싶어 하는지도 모릅니다.

다정은 어쩌면, 늦은 밤 나를 위해 꺼지지 않은 현관 등 불빛과 같습니다. 그 불빛은 "내가 너를 기다리고 있어"라고 소리치지 않습니다. 그저 어두운 골목을 돌아 집 앞에 선 나를 말없이 환하게 비춰줄 뿐입니다. 그 조용한 빛 하나로, 우리는 세상이 아직 나를 잊지 않았다는 안도감과 함께 얼어붙었던 마음을 녹입니다.

저희 반에 유독 장난이 심하고 목소리가 큰 아이가 하나 있었습니다. 수업 시간에는 집중하지 못하고, 친구들과 곧잘 투닥거려 조용한 날이 없는 아이였죠. 어느 쌀쌀한 늦가을 오후, 그 아이의 짝꿍이 며칠째 콜록거리더니 결국 책상에 엎드려 끙끙 앓기 시작했습니다. 보건실에 보내야겠다 생각하던 바로 그 순간이었습니다. 시끄럽던 그 아이가, 정말 아무도 눈치채지 못할 만큼 조용히, 자기가 입고 있던 두툼한 외투를 벗어 잠든 짝꿍의 등에 가만히 덮어주었습니다.

저는 그 순간을 오랫동안 잊지 못합니다. 그것은 착한 일을 해야 한다는 의무감에서 나온 친절이 아니었습니다. 추위에 떠는 친구를 향한 마음이 저절로 흘러넘친, 순도 높은 다정이었습니다. 아이의 서툰 손길은 그 어떤 말보다 더 큰 울림을 가진, 작지만 환한 현관등 불빛이었습니다.

다정함은 이처럼 거창한 사건 속에서 발현되지 않습

니다. 바로 사소하고 작은 순간에 깃들어 있는 것입니다. 얼마 전 오랜만에 만난 친구와 저녁을 먹다, 제가 무심코 "요즘 이 과자가 그렇게 맛있더라"하고 지나가듯 말한 적이 있습니다. 며칠 뒤, 그 친구에게서 작은 택배 상자 하나가 도착했습니다. 상자 안에는 제가 말했던 과자가 가득 들어있었고, '생각나서 보낸다'는 짧은 쪽지가 전부였습니다.

그 과자를 받고 한참을 멍하니 서 있었습니다. 친구의 행동은 저를 감동시키려는 의도를 가진 선물이 아니었습니다. 그저 스쳐 지나간 저의 말을 허투루 듣지 않고 마음에 담아두었다가, 문득 제 생각이 나서 실행에 옮긴 것뿐입니다. 상대방의 세상을 주의 깊게 들여다보고, 그 작은 조각들을 소중히 기억하는 마음. 다정함은 결국 이 '기억'하는 힘에서 비롯됩니다.

늦은 밤 현관등이 켜져 있는 이유는, 가족이 내가 아직 돌아오지 않았음을 '기억'하고 있기 때문입니다. 소란스럽던 아이가 친구에게 외투를 덮어준 이유는, 짝꿍이 감기에 걸렸다는 사실을 '기억'하고 마음을 썼기 때문입니다.

나의 시간과 마음의 일부를 기꺼이 내어주어, 상대방

이 머물 공간을 만들어주는 것. 그 사람의 기쁨과 슬픔, 아주 사소한 취향까지도 나의 일부처럼 여기는 마음. 그것이 다정의 본질인 것입니다.

우리는 모두 각자의 어두운 밤길을 걷고 있는지도 모릅니다. 그렇기에 우리는 서로의 온기를 필요로 합니다. 꽁꽁 얼어붙은 세상 속에서 우리가 스러지지 않고 계속 걸어 나갈 수 있는 힘은, 어쩌면 거창한 위로나 대단한 격려가 아닐지 모릅니다.

그저 나를 위해 켜져 있는 작은 불빛 하나. 네가 나를 잊지 않고 기억하고 있다는 그 조용한 증거. 그 다정한 마음 하나가, 우리의 길고 서늘한 밤을 지켜주는 가장 따뜻한 등불이 되어줄 것입니다.

당신의 사전에 '다정하다'을 기록해 보세요.

Q. 가장 최근에 느꼈던 다정함은 말이 아닌 어떤 행동 속에 담겨 있었나요?

다정하다의 쪽단어

너그럽다 / 관대하다

체감 온도	**약 39.5°C** 타인의 실수까지 감싸 안으며 데워진, 깊고 따스한 마음의 온도.
개념	'너그럽다'는 마음이나 성품이 넓고 여유로워 타인의 허물이나 부족함을 기꺼이 받아들일 수 있는 태도를 의미합니다. 섣부른 판단이나 비난에 앞서 이해하려는 따뜻한 포용력이 내재된 감정의 온도로, 상대방에 대한 존중과 관용에서 비롯됩니다. 타인의 불완전함을 있는 그대로 수용하는 넉넉한 마음의 상태입니다.
용례	❶ 그는 친구의 실수를 너그럽게 보아주었다. ❷ 세상을 너그러운 시선으로 바라볼 때, 비로소 마음의 평화를 찾을 수 있다. ❸ 어머니의 너그러움 덕분에 나는 많은 것을 배우고 성장할 수 있었다.
닻 단어와의 관계	다정하다는 그 넓은 마음을 바탕으로 상대를 섬세하게 살피고 보듬는 행동과 태도를 포함한다면, '너그럽다'는 타인의 실수를 포용하고 이해하는 마음의 넓이에 초점을 맞춥니다. 너그러움이 바탕이 되어야 다정함이 꾸밈없이 자연스럽게 우러나올 수 있습니다. 두 단어 모두 관계를 풍요롭게 하는 핵심적인 온기의 단어입니다.

자상하다

체감 온도	**약 38.0°C** 체온보다 살짝 높은, 돌봄의 미열. 아랫사람이나 약한 존재를 향해 구체적으로 향하는, 세심하고 든든한 온기.
개념	'자상하다'는 아랫사람이나 보살핌이 필요한 대상에게 유난히 정성이 깊고 마음 씀씀이가 꼼꼼한 태도를 의미합니다. 이는 다정함이 구체적인 보살핌과 책임감의 형태로 나타나는 온도로, 윗사람이 아랫사람에게 베푸는 내리사랑의 따뜻함과 닮아있습니다. 상대방의 필요를 먼저 헤아리고 챙겨주는 든든한 마음의 상태입니다.
용례	❶ 그는 아내와 아이들에게 더없이 자상한 가장이었다. ❷ 선생님의 자상한 격려 덕분에 학생은 용기를 얻을 수 있었다. ❸ 자상한 손길로 상처를 치료해주는 모습에서 깊은 배려가 느껴졌다.
닻 단어와의 관계	다정하다가 수평적인 관계를 포함한 모든 대상에게 품을 수 있는 보편적인 따뜻함이라면, '자상하다'는 주로 윗사람이 아랫사람에게 베풀거나, 강자가 약자를 보살필 때 드러나는 방향성이 뚜렷한 온기입니다. 다정함이 마음의 상태라면, 자상함은 그 마음이 구체적인 보살핌이라는 행동으로 발현되는 모습입니다. 다정함의 아버지 같은 든든한 얼굴이라 할 수 있습니다.

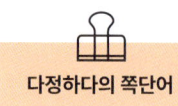

다정하다의 쪽단어

상냥하다

체감 온도	**약 37.0°C** 체온을 기분 좋게 유지시켜주는, 편안하고 건강한 마음의 온도. 말씨와 표정에 실려 상대방의 경계심을 부드럽게 녹이는, 봄바람 같은 온도.
개념	'상냥하다'는 성질이 부드럽고 친절하여 상대방을 기분 좋게 대하는 태도를 의미합니다. 이는 다정함이라는 마음의 온기가 목소리나 표정, 말씨와 같은 외적인 태도로 직접 표현되는 상태입니다. 상대방으로 하여금 "이 사람은 나를 해치지 않아", "나에게 호의적이야"라고 느끼게 하여, 마음의 문을 열게 만드는 빠르고 효과적인 온기의 신호입니다.
용례	❶ 그녀는 처음 만난 사람에게도 늘 상냥하게 웃으며 인사했다. ❷ 상냥한 말 한마디가 얼어붙었던 분위기를 부드럽게 만들었다. ❸ 가게 주인의 상냥한 응대에 손님은 기분이 좋아졌다.
닻 단어와의 관계	'다정하다'가 그 사람 자체가 품고 있는 깊은 성품에 가깝다면, '상냥하다'는 그 성품이 겉으로 드러나는 태도에 더 집중합니다. 다정함이 마음속에 지닌 '온기' 그 자체라면, 상냥함은 그 '온기'를 밖으로 전달하는 목소리와 표정입니다. 마음은 다정해도 표현이 서툴면 상냥하지 않을 수 있고, 반대로 속마음과 달리 상냥하게 행동할 수도 있습니다.

살뜰하다

체감 온도	**약 39.0°C** 아픈 사람을 곁에서 간호할 때 전해지는 정성의 고열. 정상 체온보다 높아 빈틈이나 부족함이 없는지 세심하게 살피고 챙기는, 야무진 온기.
개념	'살뜰하다'는 정성이나 사랑이 매우 지극하고 알뜰한 태도를 의미합니다. 이는 다정함이 구체적인 행동과 정성으로 나타나는 가장 실천적인 온도로, 마음뿐만 아니라 물질적, 시간적 자원을 아끼지 않고 상대를 돌보는 모습입니다. '알뜰하다'의 꼼꼼함에 다정함의 정성이 더해져, 상대방의 필요를 빈틈없이 채워주는 야무진 마음의 상태입니다.
용례	❶ 어머니는 객지에 나간 자식을 위해 음식을 살뜰하게 챙겨 보내셨다. ❷ 그는 아픈 아내를 밤낮으로 살뜰히 보살폈다. ❸ 그녀는 집안 살림을 참 살뜰하게도 꾸려 나갔다.
닻 단어와의 관계	'다정하다'가 마음이 기댈 어깨처럼 정서적인 지지를 의미한다면, '살뜰하다'는 그 지지를 구체적인 실천으로 옮기는 손과 발입니다. 다정함이 "아프지 마"라고 말하는 '온기'라면, 살뜰함은 "약 먹었어?"라며 직접 죽을 끓여다 주는 '열기'에 가까운 정성입니다. 다정함의 가장 부지런하고 정성스러운 모습이 바로 살뜰함입니다.

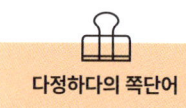

다정하다의 쪽단어

사랑옵다

체감 온도	**약 39.0°C** 대상을 바라보는 것만으로도 체온이 올라, 기분 좋은 미열이 나는 상태. '사랑스럽다'의 옛말로, 다정한 시선이 닿을 때 피어나는 감정.
개념	'사랑옵다'는 '사랑스럽다'의 옛 표현으로, 사랑을 느낄 만한 구석이 있다는 의미를 담고 있습니다. 이는 대상의 완벽함에서 오는 감정이 아니라, 그 존재 자체를 귀하게 여기고 아끼는 마음에서 비롯되는 온기입니다. 다정한 시선으로 바라볼 때, 비로소 발견되는 그 사람만의 고유한 매력과 따뜻함입니다.
용례	❶ 아이가 잠든 모습이 더없이 사랑옵다. ❷ 서툰 글씨로 마음을 전하는 그 정성이 참으로 사랑옵다. ❸ 그는 사랑옵다는 눈길로 그녀를 바라보았다.
닻 단어와의 관계	'다정하다'가 주로 상대를 향한 태도나 행동을 의미한다면, '사랑옵다'는 그 태도와 행동을 불러일으키는 감정 자체에 가깝습니다. 즉, '사랑옵다'고 느끼기 때문에 다정한 행동이 나옵니다. 다정함이 '온기'를 베푸는 행위라면, '사랑옵다'는 그 행위를 하게 만드는, 내 마음속에서 먼저 피어나는 '열기'에 가까운 감정입니다.

다정하다의 쪽단어

어여쁘다 / 예쁘다

체감 온도	**약 37.5°C** 상대의 연약함에 나의 체온을 나누어주고 싶은 연민의 온도. 단순히 예쁜 것이 아니라, '어엿비 여겨(불쌍히 여겨)' 마음을 쓰는 다정함.
개념	'어여쁘다'는 원래 '불쌍하다', '가엾다'는 뜻이었으나, 지금은 '아름답다', '예쁘다'는 의미로 바뀌었습니다. 하지만 이 단어의 뿌리에는 여전히 가엾어서 마음이 쓰이는 다정함이 남아있습니다. 이는 그 존재의 연약함이나 안쓰러움을 보듬어주고 싶은 다정한 시선이 더해진 복합적인 아름다움입니다.
용례	❶ 훈민정음 서문에는 백성을 '어엿비 여겨' 글자를 만들었다고 쓰여 있다. ❷ 비에 젖은 새끼 고양이의 모습이 어여뻐 보였다. ❸ 그는 넘어진 아이를 어여쁘다는 듯 바라보며 일으켜 세웠다.
닻 단어와의 관계	'다정하다'가 보편적인 따뜻함이라면, '어여쁘다'는 그 다정함이 발현되는 특별한 계기를 보여줍니다. 바로 연민과 안쓰러움입니다. 다정함이 너그럽게 상대를 감싸는 온기라면, '어여쁘다'는 상대의 약한 부분을 발견하고 그곳에 특별히 마음을 쓰는, 애틋함과도 맞닿아 있는 다정함입니다. 마음이 쓰이는 대상에게 향하는 온기입니다.

다정하다의 쪽단어

곱다

체감 온도	**약 36.8°C** 어떤 자극에도 흔들리지 않는, 평온하고 건강한 체온. 마음씨가 비단결처럼 부드럽고 아름다워, 바라보는 이의 마음까지 편안하게 만드는 온도.
개념	'곱다'는 마음씨나 성품이 거친 데 없이 부드럽고 순한 상태를 의미합니다. 다정함의 바탕이 되는 순수한 마음결을 가리키는 말로, 겉으로 화려하게 드러나기보다 곁에 있을 때 은은하게 느껴지는 편안함과 아름다움입니다. 억지로 꾸미지 않은, 본래 지닌 마음의 바탕이 깨끗하고 아름다운 상태입니다.
용례	❶ 그녀는 참로 마음씨가 고운 사람이었다. ❷ 아이의 고운 말 한마디가 어른의 마음을 움직였다. ❸ 할머니의 얼굴에 고운 주름이 세월의 흔적처럼 남아 있었다.
닻 단어와의 관계	'다정하다'가 상대를 향해 적극적으로 표현되는 태도라면, '곱다'는 그 태도가 나오기 이전의 근원적인 성품입니다. 마음씨가 고와야 꾸밈없는 다정함이 우러나올 수 있습니다. 다정함이 상대에게 건네는 따뜻한 '온기'라면, '곱다'는 그 '온기'를 만들어내는, 잘 정돈된 마음의 아궁이와 같습니다.

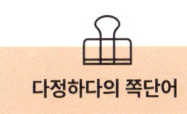

다정하다의 쪽단어

맑다 / 말갛다

체감 온도	**약 36.5°C** 이상적인 순수의 체온. 어떤 불순물도 섞이지 않은, 티 없이 깨끗한 마음의 원형이 가진 온도.
개념	'맑다'는 생각이나 감정이 깨끗하고 순수함을 의미하며, '말갛다'는 매우 맑다는 것을 강조하는 말입니다. 이는 다정함이 어떤 계산이나 목적 없이 순수한 의도에서 비롯되었음을 보여주는 단어입니다. 티 없이 깨끗한 마음의 바탕, 즉 이해타산이나 편견에 물들지 않은 순수한 '온기' 그 자체를 의미합니다.
용례	❶ 아이의 맑은 눈망울을 보니 거짓말을 할 수가 없었다. ❷ 그는 욕심 없이 맑은 마음으로 평생을 살았다. ❸ 세파에 시달렸음에도 그녀의 영혼은 여전히 말갛다.
닻 단어와의 관계	'다정하다'가 '온기'를 베푸는 행동이라면, '맑다'와 '말갛다'는 그 '온기'의 순수성을 보증합니다. 다정함이 자칫 목적을 가진 친절로 오해받을 수 있을 때, 맑은 다정함은 그 어떤 의도도 없는, 존재 자체의 깨끗한 따뜻함을 보여줍니다. 다정함이라는 '온기'의 가장 깨끗하고 투명한 본질이라 할 수 있습니다.

포근하다

불안한 마음을 감싸 안는 따뜻한 공간

의미 감촉이나 분위기가 부드럽고 따뜻하여
몸이나 마음이 편안하고 안락한 느낌이 있다.

....

용례 어머니의 품은 언제나 아이에게 포근한 안식처였다.
새로 짠 스웨터의 포근한 감촉이 바람을 막아주었다.
지친 나그네에게 포근한 밤을 선물하는 여인숙의 불빛.

....

상황 언제?

부드러운 온기나 감촉에 감싸여 안정감을 느낄 때. 몸과 마음이
편안하게 이완되고 아늑함이 필요할 때.

누구에게?

사람의 따뜻한 품(엄마, 연인, 가족)은 물론,
푹신한 이불, 두툼한 스웨터, 따뜻한 난로 등 부드러운 사물에서,
아늑한 공간이나 분위기를 묘사할 때도 사용된다.

....

온도  약 39.0°C
불안이라는 냉기(25.0°C)를
기꺼이 품어 안아 녹여버리는,
성숙한 돌봄이 만들어내는 안락한 상태의 온도.

저는 아이들과 함께하는 시간을 통해 예상치 못한 순간에 포근함을 발견하곤 합니다. 사춘기의 한복판을 지나는 중학생들은 겉으로는 까칠하고, 퉁명스럽게 보일 때가 많습니다. 교실은 늘 시끄럽고, 아이들의 마음속은 언제나 복잡한 감정들로 뒤엉켜 있습니다. 하지만 그런 아이들의 모습 속에서 저는 종종 의외의 포근함을 마주하곤 합니다.

얼마 전, 점심시간이 막 끝난 5교시였습니다. 춘곤증에 나른해진 교실 공기 속에서 대부분의 아이들이 꾸벅꾸벅 졸고 있었죠. 평소라면 사소한 장난으로 툭하면 티격태격했을 두 아이가 그날따라 나란히 앉아 있었습니다. 한 녀석이 결국 잠을 이기지 못하고, 옆자리 아이의 어깨에 그만 머리를 쿵 하고 기댔습니다.

저는 순간, '아, 이제 밀쳐내고 또 시끄러워지겠구나' 싶어 조마조마한 마음으로 지켜봤습니다. 그런데 어깨를 내어준 아이가, 잠시 인상을 팍 쓰며 불편한 기색을 보이더니, 이내 '아, 귀찮아' 하는 표정으로 한숨을 한 번 푹 쉬고는... 그냥 가만히 있더군요. 그렇게 몇 분가, 녀석은 친구의 머리를 받아준 채 칠판만 멍하니 바라봤습니다.

그 과정에서 시끄러운 격려나 다정한 말은 오가지 않

앉지만, 그 퉁명스러운 침묵과, 친구의 불편함을 기꺼이 감수해 주는 그 순간의 넉넉함이야말로 제가 본 가장 진한 포근함이었습니다. 아이들은 그렇게 말없이, 자신들만의 방식으로 서로에게 기댈 어깨를 내어주곤 합니다.

어른이 된 후의 우리는 좀처럼 포근함을 온전히 느끼기 어렵습니다. 편안함이나 안락함은 노력해서 만들어내거나 좋은 환경을 조성하여 얻을 수 있지만, 포근함은 왠지 모르게 저절로 찾아오는 선물 같은 감각이기 때문입니다. 누군가의 따뜻한 품에 안기거나, 익숙하고 안전한 공간에 몸을 맡길 때 불현듯 찾아오는 이 감각은, 애써 지키려 하지 않아도 이미 완벽하게 보호받고 있다는 깊은 안도감을 동반합니다. 그래서 어른들은 때때로 어릴 적 엄마 품처럼 포근하다는 말을 무의식중에 내뱉는지도 모르겠습니다. 물리적인 품보다 심리적인 안온함을 갈구하는 마음의 소리일 테죠.

저는 가끔 아이들에게 물어봅니다. "어떤 게 가장 포근하니?" 아이들은 제각기 "엄마 배", "아빠 등", "우리 집 솜이불", "강아지 털" 등 자신만의 포근한 대상을 이야기합니다. 정답 없는 질문이지만, 그 대답들 속에서 저는 아이들이 어떤 존재로부터 안정감을 얻고 위로를 받는지 엿

볼 수 있습니다. 질풍노도의 시기를 겪는 아이들이지만, 그들 역시 불안한 마음을 달래줄 포근함을 끊임없이 찾아 헤매고 있는 것입니다.

그래서 '포근하다'는 단어라는 것은 안전하다는 느낌과 깊이 연결되어 있습니다. 예측 불가능한 세상 속에서 우리는 늘 크고 작은 불안감을 안고 살아갑니다. 미래에 대한 막연한 두려움, 사람들과의 관계에서 오는 긴장감, 스스로에 대한 실망감... 이런 불안 속에서 우리는 무의식적으로 포근함을 갈망합니다. 이 단어가 주는 온기는 외부의 위협으로부터 나를 보호해 주는 견고한 벽이 아니라, 부드럽게 나를 감싸 안아 모든 긴장을 내려놓게 하는 얇고 따뜻한 막과 같습니다. 마치 폭풍우가 몰아치는 바다 한가운데서 작은 섬의 품에 안긴 듯한 평화로움이지요.

이러한 포근함은 때로는 물리적인 형태로 다가오기도 합니다. 힘든 하루를 보내고 지쳐있을 때, 곁에 있는 누군가가 아무 말 없이 어깨를 다독여주는 그 순간, 우리는 말 없는 포근함을 느낍니다. 오랜 시간 잊고 지냈던 추억 속 친구의 따뜻한 미소가 문득 떠오를 때, 마음속에 옅은 포근함이 번지기도 합니다. 이처럼 포근함은 '나'를 이해하고 받아주는 타인의 시선, 혹은 내가 쌓아온 소중한 기억 속에서 피어나기도 합니다.

국어교사로서 저는 아이들에게 포근함의 가치를 알려주고 싶습니다. 그리고 이 단어를 통해 자신에게, 또는 타인에게 포근한 존재가 되는 법을 배울 수 있기를 바랍니다. 세상이 험난하고 차가울지라도, 우리는 서로에게 작은 포근함을 나눌 수 있습니다. 지친 이의 손을 잡아주는 작은 용기, 슬픈 이의 이야기를 말없이 들어주는 인내, 아무런 대가 없이 베푸는 따뜻한 미소. 이 모든 작은 행동들이 모여 서로에게 포근한 안식처를 만들어줄 것입니다.

불안과 긴장이 가득한 세상 속에서, 우리는 이 포근함의 온도를 기억해야 합니다. 그리고 그 온기를 내 마음 안에 품고, 또 다른 누군가에게 기꺼이 전해주는 존재가 되어야 할 것입니다. 그렇게 우리는 서로의 가장 따뜻한 공간이 될 수 있습니다.

당신의 사전에 '포근하다'를 기록해 보세요.

Q. 지금 당신의 마음을 가장 포근하게 감싸주는 것은 무엇인가요? 그것은 어떤 형태인가요?

Q. 어린 시절, 당신에게 포근함을 선물해 준 기억 속의 사람은 누구이며, 그때 어떤 감각을 느꼈나요?

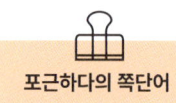
포근하다의 쪽단어

푸근하다

체감 온도	**약 39.5°C** 넉넉한 품에 안겼을 때, 나의 체온과 상대의 체온이 더해져 상승하는 훈훈한 열감. 포근함보다 더 넉넉하고 여유로운, 마음의 온기.
개념	'푸근하다'는 넉넉하고 여유로운 느낌을 강조하는 말입니다. 그 품이 매우 넓어 넉넉함과 여유까지 느껴지는 상태를 말합니다. 상대의 넉넉한 인심이나 너른 품에서 오는 정서적인 배부름과도 같은 감각입니다.
용례	❶ 할머니의 푸근한 인상에 낯선 손님도 금세 마음을 열었다. ❷ 뜨끈한 국밥 한 그릇에서 푸근한 정이 느껴졌다. ❸ 오랜만에 고향 집에 오니 마음이 푸근해졌다.
닻 단어와의 관계	'포근하다'가 '나'를 감싸는 일대일의 아늑함이라면, '푸근하다'는 '나'를 너끈히 받아주고도 남는 넉넉함입니다. '포근하다'가 잘 맞는 스웨터라면, '푸근하다'는 아빠의 큰 외투처럼 나를 덮고도 남는 넉넉한 품입니다. 포근함의 정서적인 부피가 한층 더 커진 상태라 할 수 있습니다.

포근하다의 쪽단어

안온하다 / 평온하다

체감 온도	**약 36.5°C** 더할 것도 뺄 것도 없는, 이상적이고 평화로운 기본 체온. 모든 불안과 긴장이 사라지고, 완벽한 안전의 상태에 도달했을 때의 온도.
개념	'안온하다'는 편안하고 평온한 상태를 의미하는 한자어로, 아무런 걱정이나 탈 없이 고요하고 편안한 상태를 말합니다. 외부의 자극이나 흔들림에도 불구하고, 평정을 유지하는 마음의 평화 상태 그 자체입니다.
용례	❶ 폭풍우가 지나간 뒤, 항구는 다시 안온한 평화를 되찾았다. ❷ 그는 안온한 노후를 보내는 것이 유일한 소원이었다. ❸ 아이는 엄마 품에서 비로소 안온한 표정으로 잠이 들었다.
닻 단어와의 관계	'포근하다'는 낡은 스웨터나 따뜻한 이불처럼 나를 감싸주는 행위와 과정을 모두 아우릅니다. '안온하다'는 바로 그 포근함을 통해 도달하게 되는 궁극적인 결과이자 평화로운 상태를 의미합니다. 포근함이 안전함을 제공하는 수단이라면, 안온함은 그 수단을 통해 얻어진 평화입니다.

닻단어

살갑다
낯가림의 벽을 허무는 다정한 햇살

의미 붙임성이 있고
마음이 부드러우며 상냥한 태도가 있다.

용례 그녀는 처음 보는 이웃에게도 살갑게 인사를 건넸다.
아이의 살가운 애교에 할머니의 얼굴이 환해지셨다.
무뚝뚝한 그가 가끔 보여주는 살가운 모습에 마음이 녹았다.

상황 언제?

처음 만나는 낯선 사이의 어색한 침묵이 흐를 때. 낯가림이나 경계심의 '냉기'를 '온기'로 바꾸고 싶을 때.

누구에게?

전학 온 친구, 새로 만난 이웃, 가게 점원, 어색한 친척 등 거리감이 느껴지는 대상에게. 혹은, 무뚝뚝한 사람의 마음을 열게 만드는 붙임성 있는 사람에게.

온도  **약 37.5°C**
쌀쌀한 날, 갓 내린 차 한 잔을 두 손으로 감쌀 때 느껴지는 딱 기분 좋은 열감. 낯선 경계를 녹이고 상대의 마음에 스며들기에 적절한, 부담스럽지 않은 따스함이다.

저는 '살갑다'는 말이 참 묘하다고 생각합니다. '살'과 '갑다(가깝다)'의 만남이라니요. 말 그대로 '살과 살이 맞닿을 만큼 가깝다'는 뜻을 품고 있습니다. 쌀쌀맞음과 무관심이 만연한 요즘, 이토록 적극적인 따뜻함을 가진 단어라니, 새삼 그 존재가 귀하게 느껴집니다.

특히 저는 매일 살가움과는 정반대의 풍경을 마주합니다. 중학교 교실은 아이러니하게도 거리 두기가 일상인 공간입니다. 아이들은 저마다 보이지 않는 벽을 두르고 있습니다. 스마트폰이라는 작은 섬에 스스로를 가두기도 하고, 친한 친구 무리라는 견고한 성을 쌓고 낯선 이를 밀어내기도 합니다. 사춘기 특유의 낯가림과 경계심은 교실의 공기를 종종 서늘하게 만듭니다.

그런 교실이기에, 아주 작은 살가움은 그 어떤 빛보다 환하게 빛납니다. 저는 매 학기 초, 새 학급에서 그 빛을 발견하는 순간을 기다립니다. 모두가 서로의 눈치만 보며 쭈뼛거릴 때, "얘들아, 우리 이름부터 외우자! 나부터 말할게!"라며 분위기를 주도하는 아이. 점심시간에 혼자 밥을 머으려는 친구에게 다가가 "너도 저쪽으로 가? 같이 가자"라며 스스럼없이 어깨동무를 하는 아이.

어른들은 종종 '착한 아이'와 '살가운 아이'를 혼동합니다. 하지만 교실에서 본 살가움은 그저 심성이 고운 것과는 조금 다릅니다. 그것은 용기에 가깝습니다. 거절당할지도 모른다는 두려움, 낯선 상황에 대한 어색함을 기꺼이 감수하고 먼저 손을 내미는 용기. 상대방의 경계심이라는 문을 두드리고 "나 여기 있어, 너와 친해지고 싶어"라고 말하는 태도입니다.

이 용기는 어른들이 생각하는 것보다 훨씬 더 큰 용기입니다. 아이들의 세계에서 나서는 것, 튀는 것은 자칫 이상한 아이로 낙인찍힐 수 있는 위험한 행동이기 때문입니다. 살갑게 굴었다가 무시당했을 때의 민망함은 아이들에게 큰 상처가 됩니다. 그럼에도 불구하고 기꺼이 그 위험을 감수하는 아이들이 있습니다. 저는 그 아이들을 '반의 온도를 올리는 아이'라고 부릅니다. 이들은 성적표에는 드러나지 않지만, 한 학급을 '그냥 모인 집단'에서 '우리 반'으로 만드는 일등공신입니다.

몇 해 전, 유난히 말이 없고 조용했던 한 아이가 기억납니다. 그 아이는 늘 창가 맨 뒷자리에 앉아 책만 읽곤 했습니다. 아무도 그 아이에게 말을 걸지 않았죠. 그런데 반에서 가장 시끄럽고 장난꾸러기였지만 살가움 하나는 최고였던 아이가 있었습니다. 그 아이는 쉬는 시간마다 조용한 아이에게 다가가 "야, 너 또 그 책 읽냐? 그거 재밌어? 나도 좀 알려줘!"라며 쉴 새 없이 말을 걸었습니다. 처음엔 귀찮아하던 조용한 아이도, 결국엔 피식 웃으며 책에 대해 설명해주기 시작했습니다. 학기 말, 두 아이는 둘도 없는 친구가 되어 있었습니다. 살가운 아이의 그 꾸준한 접근이, 조용한 아이의 단단했던 벽을 허문 것입니다.

국어교사로서 저는 아이들에게 우리말을 가르칩니다. 하지만 요즘 아이들의 소통 방식을 보면 걱정이 앞설 때가 많습니다. 아이들은 점점 더 짧은 말, 자극적인 말, 혹은 문자가 아닌 이모티콘으로 소통합니다. 감정을 전달하는 방식이 단순해지고 있습니다. '살갑다'처럼 복합적이고 따뜻한 관계의 언어들은 점점 자리를 잃어갑니다. '살갑다'는 눈을 마주치고, 미소를 띠고, 직접 말을 건네는 아날로그적인 행동이 반드시 필요한 단어입니다. 디지털 화면 속에서는 이 단어가 가진 본래의 온기가 제대로 전달될 수 없습니다.

그래서 저는 수업 시간에 일부러 아이들에게 살가운 말을 연습시킵니다. "친구의 좋은 점을 찾아 칭찬하는 쪽지 써주기", "오늘 복도에서 마주치는 선생님께 가장 살갑게 인사하기" 같은 것들입니다. 처음엔 어색해하던 아이들도, 막상 자신의 살가움이 상대에게 기쁨을 주는 것을 경험하면 금세 태도가 바뀝니다. 살가움은 결국 경험에서 오는 능력이기 때문입니다.

세상이 점점 더 개인화되고 비대면을 선호할수록, '살갑다'는 단어는 더욱 귀해질 것입니다. 살과 살이 부딪히는 따뜻한 감각을 잃어가는 시대에, 우리는 어쩌면 이 단어가 주는 온기를 본능적으로 그리워하고 있는지도 모릅니다. 저는 제 아이들이 이 살가움의 가치를 아는 사람으로 자라길 바랍니다. 낯선 이의 서툰 마음에 기꺼이 다가가 먼저 말을 걸어주고, 차가운 공기를 따뜻한 햇살로 데울 줄 아는 사람. 서로의 살갗이 닿는 것을 두려워하지 않고, 그 온기를 나눌 줄 아는 살가운 어른이 되기를 진심으로 바라봅니다.

당신의 사전에 '살갑다'를 기록해 보세요.

Q. 낯선 사람에게 살갑게 다가가는 편인가요, 아니면 경계의 벽을 먼저 세우는 편인가요?

Q. 최근 가장 살갑게 대해준 사람은 누구였나요? 그때 어떤 기분을 느꼈나요?

살갑다의 쪽단어

반갑다

체감 온도	**약 39.5°C** 기대하지 않았던 '온기'를 만났을 때, 나의 체온이 순식간에 '열기'로 상승하는 순간. 살가움이 환영받을 때 터져 나오는, 기쁨의 온도.
개념	'반갑다'는 만나거나 보게 되어 기쁘고 즐거운 마음 상태를 의미합니다. 기대했던, 혹은 기대하지 못했던 좋은 대상을 마주했을 때 솟아나는 긍정적인 감정입니다. 이 감정은 마음의 거리를 좁히고 긍정적인 관계를 여는 역할을 합니다.
용례	❶ 오랜만에 만난 친구의 얼굴이 너무나 반가워 눈물이 날 뻔했다. ❷ 타지에서 듣는 모국어만큼 반가운 소리가 또 있을까. ❸ 봄을 알리는 반가운 손님, 나비가 날아다니기 시작했다.
닻 단어와의 관계	'살갑다'는 낯선 이에게 먼저 건네는 '온기'의 행위를 아우릅니다. '반갑다'는 그 살가운 온기를 받았을 때, 내 마음에서 피어나는 열기의 감정을 말합니다. 살가움이 주는 태도라면, 반가움은 그에 화답하는 기쁨입니다. 살가운 햇살이 반가운 꽃망울을 터뜨리듯, 두 단어는 관계를 여는 짝입니다.

살갑다의 쪽단어

친근하다

체감 온도	**약 37.0°C** 오랫동안 곁에 있어 익숙해진, 나의 체온과 꼭 닮은 편안함. 살가움이 쌓여 만들어진, 안정적이고 익숙한 관계의 온도.
개념	'친근하다'는 가까울 친(親)과 가까울 근(近) 자가 합쳐진 말로, 사이가 매우 가깝고 정이 깊어 익숙한 상태를 의미합니다. 오래 사귀어 익숙하거나, 혹은 처음 보아도 왠지 낯설지 않고 편안하게 느껴지는 감각입니다.
용례	❶ 그는 화려한 스타보다 친근한 동네 형 같은 매력이 있다. ❷ 처음엔 어려웠던 선생님이 이제는 제법 친근하게 느껴진다. ❸ 구수한 사투리에서 왠지 모를 친근함이 묻어났다.
닻 단어와의 관계	'살갑다'는 관계를 시작하기 위해 낯가림의 벽을 허무는 능동적인 행위를 아우릅니다. 친근하다는 그 살가운 행위가 성공적으로 안착하여 유지되는 편안한 상태를 말합니다. 살가움이 문을 여는 열쇠라면, 친근함은 그 문이 활짝 열려 언제든 드나들 수 있는 집과 같습니다. 살가운 노력은 친근한 관계를 맺기 위한 것입니다.

훈훈하다

차가운 공기를 데우는, 마음과 마음의 증기

의미 기운이 약간 따뜻하다.
(비유적으로) 정답고 따뜻한 기운이 감돌아 마음이 푸근하다.

용례 방 안에 훈훈한 온기가 감돌았다.
어려운 이웃을 돕는 훈훈한 미담이 전해졌다.
격려가 오가는 대화에 분위기가 훈훈해졌다.

상황 언제?

누군가의 선행이나 미담을 들었을 때.
차가웠던 분위기가 따뜻한 말 한마디로 풀릴 때.
모닥불이나 난로 곁에 여럿이 모여 있을 때.

누구에게?

차갑게 식었던 관계에게. 선행으로 데워진 사회의 공기에게. 혹은, 좋은 이야기를 듣고 푸근해진 '나'의 마음에게.

온도  **약 37.8°C**
'냉기'로 차가웠던 공간의 공기가,
예상 밖의 온기의 유입으로 훈증(燻蒸)되듯 데워지는,
분위기와 변화의 상징적인 온도.

어떤 온기는 한곳에 머무르지 않고 움직이는 힘을 가집니다. '열기'처럼 끓어올라 모든 것을 태우지는 않지만, 주변의 '냉기'를 몰아내기에 충분한, 기분 좋은 '증기(蒸氣)'처럼 퍼져나가는 따뜻함이 있습니다. 우리말은 그 역동적인 온기를 '훈훈하다'라고 부릅니다. 이 단어는 '온기'가 그 자리에 가만히 정체된 것이 아니라, 살아있는 생명체처럼 공간을 감싸며 퍼져나가는 아름다운 모습을 그립니다. 그것은 직접적인 열원이 아니라, 공기 전체의 질감을 바꾸는 부드러운 기운입니다.

교실은 종종 '냉기'로 한 해를 시작할 때가 많습니다. 낯선 얼굴들로 채워진 새 학년의 교실은, 아이들이 서로에게 보내는 탐색의 시선과 보이지 않는 긴장감으로 서늘합니다. 아이들은 아직 서로의 온도를 모르기에 쉽게 마음을 열지 않으며, 때로는 자신을 방어하기 위해 쌀쌀맞게 굴기도 합니다. 각자의 자리에 앉아 있지만, 그 책상과 책상 사이에는 투명한 얼음벽이 존재하는 듯합니다. 하지만 가끔은 그 얼음장 같던 교실에 훈훈한 기운이 감도는, 마법 같은 순간이 찾아옵니다.

얼마 전, 조용히 진행되던 수업 시간 이후의 일입니다. 점심시간이 되어 모두가 들뜬 마음으로 교실을 나서

려는데, 한 아이가 교실 구석에서 홀로 책상에 엎드려 울고 있었습니다. 소리를 애써 참아내려는 듯, 작은 어깨가 가늘게 들썩이고 있었습니다. 그 아이의 주변을 무거운 냉기가 감싸고 있었죠. 다른 아이들은 그 모습을 흘깃 보았지만, 어찌할 바를 몰라 어정쩡하게 눈치만 보거나 무덤덤하게 자기 할 일을 할 뿐이었습니다. 그 어색한 침묵이, 우는 아이의 냉기를 더욱 차갑게 만들고 있었습니다.

그 침묵과 어색함을 깨뜨린 것은 의외의 아이였습니다. 평소 그 우는 아이와 특별히 친하지도, 말을 섞지도 않던 다른 아이였습니다. 그 아이는 잠시 망설이는 듯하더니, 가방을 챙기던 걸음을 멈추고 우는 아이에게로 다가갔습니다. 그리고는 아무 말 없이, 그 아이의 어깨를 가만히 감싸 안고 등을 토닥여주었습니다. 그 작은 용기가, 망설임을 딛고 건네진 '온기'의 전달이, 교실 전체를 짓누르던 차가운 공기를 순식간에 바꾸는 것을 보았습니다. 그 광경을 지켜보던 다른 아이들의 쌀쌀맞던 표정이 풀리고, 누군가는 조용히 물을 떠다 주었습니다.

그것이 바로 훈훈함입니다. 훈훈함은 이처럼 예상하지 못한 순간에, 낯선 관계의 차가운 분위기를 깨고 들어오는 새로운 따뜻함입니다. 만약 울고 있는 아이의 가장 친한 친구가 다가갔다면, 그것은 '우정'이었을 겁니다. 하지만 잘 알지도 못하는 사이의 아이가, 그 어색함을 무릅쓰고 손을 내밀었기에, 그 '온기'는 교실 전체로 퍼져나갈 수 있었습니다. 훈훈함은 의무나 책임이 아니라, 순수한 선택에서 비롯되는 온기입니다.

우리는 종종 '미담(美談)', 즉 아름다운 이야기를 들으면 왜 마음이 훈훈해진다고 말할까요? 그것은 그 이야기가 나와 상관없는 남의 이야기임에도, 그 '온기'가 시공간을 건너와 지금 '나'의 차가운 마음까지 데워주기 때문일 겁니다. 훈훈함은 이렇듯 강력한 전염성이 있고, 닫힌 마음을 열게 하며, 얼어붙은 공간을 변화시키는 힘이 있습니다. 그 이야기를 듣는 순간, 우리는 잠시 잊고 있었던 사람 사이의 따뜻한 가능성을 다시 믿게 됩니다. 그것은 '나도 저런 온기를 만날 수 있다'는 희망이자, '나도 저런 온기를 건넬 수 있다'는 다짐을 불러일으킵니다.

아주 가끔씩은 '냉기'가 감도는 곳을 미지근하게 외면하는 방관자가 아니라 그곳에 기꺼이 '온기'의 불씨를 던져 훈훈한 기운을 만들어내는 사람, 어색함과 두려움을 무릅쓰고, 우는 친구의 어깨에 손을 올릴 줄 아는 작은 용기를 지닌 사람이 되어보는 것은 어떨까요. 그 작은 온기가 모여 얼어붙은 교실을 녹이고, 나아가 우리가 발 딛고 사는 세상을 훈훈하게 만들 것입니다. 그것은 지식이 아니라, 오직 실천을 통해서만 배울 수 있는 삶의 소중한 태도입니다.

당신의 사전에 '훈훈하다'를 기록해 보세요.

Q. 최근 언제 훈훈함을 느꼈나요?

Q. 정겨운 관계와 훈훈한 순간은 나에게 어떤 다른 의미를 주나요?

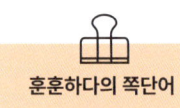

훈훈하다의 쪽단어

온화하다

체감 온도	**약 36.5°C** '냉기'나 '열기'로 치우치지 않는, 정상 체온과 같은 성품의 기준 온도. 모나지 않고 부드러워, 곁에 있는 이의 체온을 빼앗지 않는 편안한 상태.
개념	'온화하다'는 따뜻할 온(溫)과 화목할 화(和)가 만난 말입니다. 날씨나 성품이 모나지 않고 부드러운 상태를 의미합니다. 거칠거나 자극적이지 않고, 편안함을 주는 성품이나 기후를 묘사합니다.
용례	❶ 이곳은 일 년 내내 날씨가 온화하여 살기에 좋다. ❷ 그는 성품이 온화하여, 누구에게나 적을 만들지 않았다. ❸ 아이들을 대하는 그의 온화한 미소에 마음이 놓였다.
닻 단어와의 관계	'훈훈하다'는 '냉기'가 '온기'로 변화하는 사건이나 분위기를 아우릅니다. '온화하다'는 그 훈훈함을 만들어내는 사람의 근본 성품을 말합니다. 온화한 성품을 가진 사람이 훈훈한 분위기를 만듭니다. 훈훈함이 행동의 결과라면, 온화함은 성품의 바탕입니다.

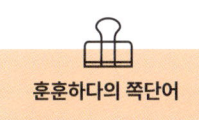

훈훈하다의 쪽단어

따끈하다 / 따뜻하다

체감 온도	**약 39.8°C** 정상 체온(36.5°C)보다 뚜렷하게 높지만, '뜨겁다'처럼 고통스럽지 않고 기분 좋게 알맞은 '열기'에 가까운 온기. 차가운 손을 녹이는 난로나 음식의 상징적인 온도.
개념	'따끈하다'는 '따뜻하다'보다 조금 더 기운이 센 상태를 묘사합니다. 갓 데운 음식이나 방바닥처럼, 식지 않고 알맞게 기분 좋은 상태를 말합니다.
용례	❶ 추운 날씨에는 따끈한 국물이 생각난다. ❷ 아랫목이 따끈하게 데워져 있어 눕기 좋았다. ❸ 방금 나온 빵이 따끈해서 더욱 맛있었다.
닻 단어와의 관계	'훈훈하다'는 차가운 공기가 데워진 분위기(25°C)를 아우릅니다. '따끈하다'는 그 훈훈함을 만들어내는 열원(45°C)을 말합니다. 따끈한 국밥 한 그릇이 쌀쌀맞은 식당의 분위기를 훈훈하게 만듭니다. 훈훈함이 분위기라면, 따끈함은 그 분위기를 만드는 사물입니다.

낱단어

정겹다
촌스러운 이름들이 모여 만들어내는 온기

의미 정이 넘칠 만큼 따뜻한 마음이 있다.
또는 정이 넘칠 만큼 따뜻하고 아늑한 느낌이 있다.

용례 그는 투박하지만 정겨운 말투로 사람들의 마음을 사로잡았다.
오랜만에 찾은 시골집의 정겨운 풍경에 마음이 따뜻해졌다.
밉다 곱다 해도, 가장 정겨운 것은 옛 친구들뿐이다.

상황 언제?

오랜만에 만난 동창들과 어릴 적 별명을 부르며 웃음이 터질 때.
낡았지만 구석구석 손때 묻은 단골 가게에 들어설 때.

누구에게?

격식 없이 지내는 오랜 친구나 이웃의 관계에게.
겉은 무뚝뚝하지만 속정이 깊은 사람에게.
혹은 낡고 촌스럽지만 따뜻한 추억이 깃든 사물이나 풍경에게.

온도  **약 38.5℃**
체온(36.5℃)이 여럿이 모여 정(情)으로 데워진,
추운 날 온 식구가 둘러앉은
아랫목의 뭉근하고 넉넉한 상징적인 온도.

아이들에게 단어를 가르치다 보면, 유독 설명하기 어려운 단어들이 있습니다. '정겹다'가 바로 그런 단어입니다. 이 단어의 뿌리인 '정(情)'만큼이나 모호하고 복합적이며, 요즘 아이들의 언어 습관과는 가장 멀리 있는 단어일지도 모릅니다.

아이들은 '정겹다'는 말을 거의 쓰지 않습니다. 대신 '좋다', '친하다', '웃기다' 같은 빠르고 직접적인 표현을 선호합니다. 정겹다는 단어가 가진 뭉근하고, 살짝 촌스럽고, 오래 묵은 듯한 느낌을 아이들은 어색해합니다. 모든 것이 빠르고, 새롭고, 쿨해야 하는 아이들의 세계에서 '정겹다'는 단어는 구식 유물처럼 보일 수 있습니다.

한번은 아이들에게 "너희에게 정겨운 것은 뭐니?"라고 물었다가 당황한 적이 있습니다. 아이들은 그 단어 자체를 할머니 댁 시골 냄새나 옛날 드라마처럼 자신들과는 상관없는, 아주 먼 곳의 이미지로만 받아들였습니다. 아이들에게 정겨움은 곧 촌스러움과 동의어였습니다. 세련되고 깔끔한 개인주의가 미덕이 되어가는 교실에서, '정(情)'이라는 끈끈하고 매료는 비효율적이기까지 한 감정은 환영받지 못하는 듯했습니다.

저는 그 촌스러움 속에 이 단어의 핵심이 있다고 생각

합니다. '정겹다'는 것은 세련되거나 깔끔하게 포장된 감정이 아닙니다. 조금은 투박하고, 서툴고, 촌스럽기까지 한 것들 속에 정겨움의 본질이 숨어있습니다.

예전에 아이들의 스마트폰을 걷을 때 쓰는 플라스틱 바구니가 있었습니다. 그 바구니에 온갖 최신형 스마트폰이 담기는 지극히 현대적인 풍경에, 어느 날 한 아이의 폰에 할머니가 직접 만들어주셨다는 알록달록한 구슬 폰 스트랩이 달려있는 것을 보았습니다. 다른 아이들은 "그게 뭐냐"며 놀려댔고, 아이는 멋쩍은 듯 폰을 뒤집어 놓더군요. 하지만 저는 그 투박하고 촌스러운 구슬 스트랩이야말로 그날 교실에서 본 가장 정겨운 사물이라고 생각했습니다. 세련된 기계들 사이에서 유일하게 '정'이 담긴 물건이었으니까요.

'정'은 본래 비효율적입니다. 시장에서 덤을 얹어주는 할머니의 손길은 계산적이지 않습니다. 이웃과 음식을 나눠 먹는 일은 위생과 효율만 따지면 번거로운 일입니다. 하지만 우리는 그 비효율적인 틈새에서 정겨움을 느끼고 마음이 따뜻해집니다. '정겹다'는 것은 '나'와 '너'의 경계를 허물고, 계산 없이 '우리'라는 울타리 안으로 기꺼이 들어가는 마음의 상태입니다.

매년 학기 초, 제 교실은 30개의 섬처럼 흩어져 있습니다. 서로를 경계하고 탐색하느라 공기는 늘 차갑죠. 하지만 체육대회에서 목이 터져라 함께 응원을 하고, 축제 준비로 밤늦게까지 함께 춤 연습을 하고, 때로는 격렬하게 싸우고 화해하는 과정을 거치면서, 그 섬들은 조금씩 이어져 하나의 대륙이 됩니다.

　학기 말, 서로에게 '롤링 페이퍼(rolling paper)'를 써줄 때면 그 정의 실체를 확인하곤 합니다. 유독 짓궂고 말썽을 많이 피웠던 한 아이에게, 가장 조용했던 짝꿍이 이렇게 적었더군요. "너 때문에 1년 내내 시끄러웠는데, 막상 네가 없으면 우리 반이 너무 조용할 것 같아. 미운 정 들었나 봐."

　그 순간, 교실을 가득 채우는 공기, 그것이 바로 '정겹다'는 감각입니다. 완벽해서가 아니라, 부족하고 촌스러운 모습까지 모두 끌어안고 '우리'가 되었을 때 비로소 피어나는 온기입니다.

　국어교사로서 제 역할은 아이들에게 정확한 문법과 아름다운 문학을 가르치는 것이지만, 어쩌면 이 '정겹다'와 같은 단어들의 온기를 지켜내는 것이 더 중요한 임무일지 모른다는 생각을 합니다. '촌스러워도 괜찮다', '조금

비효율적이어도 따뜻하면 된다'는 것을 알려주고 싶습니다. 정겹다는 단어가, 우리가 잊지 말아야 할 함께의 가치, 그 뭉근한 공동체의 온도를 품고 있기 때문입니다.

당신의 사전에 '정겹다'를 기록해 보세요.

Q. 주변에 있는 가장 정겨운 물건은 무엇인가요? 그것에는 어떤 정(情)이 담겨 있나요?

Q. 마지막으로 언제, 어떤 풍경을 보며 '아, 참 정겹다'라고 느꼈나요?

정겹다의 쪽단어

오순도순

체감 온도	**약 37.5°C** 서로의 체온이 기분 좋게 오가는 '화목함'의 온도. 정겨움이 말소리로 피어날 때, 그 공간을 채우는 따뜻하고 행복한 미열.
개념	오순도순은 정답게 이야기하며 화목하게 지내는 모습을 나타내는 의태어입니다. 여러 사람이 갈등이나 다툼이 없이, 서로의 이야기에 귀 기울이며 평화롭게 지내는 상태를 말합니다.
용례	❶ 가족들이 한자리에 모여 오순도순 이야기꽃을 피웠다. ❷ 늦은 밤, 불 꺼진 거실에서 부모님의 오순도순 나누는 말소리가 들려왔다. ❸ 그들은 가난했지만 누구보다 오순도순 정답게 살았다.
닻 단어와의 관계	'정겹다'는 '촌스러운 이름들'이 모여 만들어내는 분위기 전반을 아우릅니다. 오순도순은 그 정겨운 분위기에서 일어나는 구체적인 행동이자 소리를 맡습니다. 즉, 정겨운 사람들이 모여 오순도순 이야기를 나눕니다. 정겨움이 상태라면 오순도순은 그 상태가 발현되는 모습입니다.

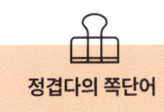

정겹다의 쪽단어

오붓하다

체감 온도	**약 38.0°C** 딱 필요한 만큼의 사람들끼리만 모여, 서로의 체온이 낭비되지 않는 '친밀함'의 온도. 정겨움이 방해받지 않는, 단출하고 아늑한 공간의 온기.
개념	'오붓하다'는 여럿이 아닌, 단출한 몇몇이 모여 매우 정답고 친밀한 상태를 의미합니다. 시끄럽거나 왁자지껄하지 않고, 꼭 마음이 맞는 사람들끼리만 모여 아늑함을 누리는 감각입니다. 불필요한 시선 없이 서로에게 집중할 수 있는, 친밀한 분위기입니다.
용례	❶ 우리는 오랜만에 오붓하게 둘만의 저녁 식사를 즐겼다. ❷ 명절에도 떠들썩한 대신, 가족끼리 오붓하게 보낼 생각이다. ❸ 작고 오붓한 찻집은 비밀 이야기를 나누기에 안성맞춤이었다.
닻 단어와의 관계	'정겹다'는 여러 사람이 모인 공동체의 넉넉한 분위기를 포함합니다. '오붓하다'는 그 정겨움을 소수의 친밀한 관계에서 집중적으로 느끼는 상태를 말합니다. 정겨움이 장터처럼 열린 풍경이라면, 오붓함은 그 장터 구석 단골 국밥집처럼 닫힌 풍경입니다. 정겨움을 친밀하고 아늑하게 누리는 방식입니다.

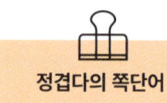

정겹다의 쪽단어

흐뭇하다

체감 온도	**약 37.2°C** 정겨운 풍경을 바라보는 것만으로도 내 체온이 기분 좋게 상승하는 만족감의 온도. 마음에 흡족하여 절로 미소가 지어지는 따뜻함.
개념	'흐뭇하다'는 마음에 흡족하여 매우 기쁘고 만족스러운 상태를 의미합니다. 어떤 대상이나 풍경을 바라보는 이의 시선에 담긴 긍정적인 감정입니다. 오순도순 지내는 가족을 보거나, 살뜰하게 서로를 챙기는 친구를 볼 때처럼, 보기 좋은 광경에서 느껴지는 만족감입니다.
용례	❶ 아들이 밥 먹는 모습만 봐도 어머니는 마음이 흐뭇했다. ❷ 제자들이 서로 돕는 정겨운 광경에 선생님은 흐뭇한 미소를 지었다. ❸ 정성껏 준비한 선물을 받고 기뻐하는 친구를 보니 흐뭇했다.
닻 단어와의 관계	'정겹다'는 관계나 분위기의 상태를 말합니다. '흐뭇하다'는 그 정겨운 광경을 목격하고 반응하는 감정입니다. 정겨움이 모닥불 그 자체라면, 흐뭇함은 그 곁에서 "참 보기 좋다"고 느끼는 마음입니다. 정겨움은 흐뭇함을 불러일으키는 원인입니다.

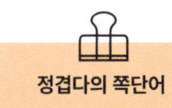

정겹다의 쪽단어

구수하다

체감 온도	**약 38.5°C** 푹 끓인 곰국이나 갓 지은 밥에서 피어오르는, 속을 든든하게 데워주는 증기의 온도. 정겨움이 혀와 코로 느껴지는, 촌스럽지만 깊은 맛과 향.
개념	'구수하다'는 맛이나 냄새가 입맛을 당기듯 좋거나, 말이나 이야기가 정감 있고 재미있는 상태를 의미합니다. 세련된 것과는 거리가 있지만, 투박함 속에 깊은 맛이 있는 감각입니다. 촌스럽지만 정이 가는 말씨, 혹은 숭늉이나 청국장 같은 토속적인 맛과 향을 표현합니다.
용례	❶ 할머니가 끓여주신 청국장 냄새가 구수하게 퍼져나갔다. ❷ 그의 구수한 입담에 사람들은 시간 가는 줄 몰랐다. ❸ 겉은 투박해도 속은 구수한 멋이 있는 사람이다.
닻 단어와의 관계	'정겹다'는 주로 관계나 분위기의 '온기'를 뜻합니다. '구수하다'는 그 정겨움을 맛, 향기, 말투라는 구체적인 감각으로 느끼게 해주는 매개체입니다. 정겨운 사람은 구수한 말투를 쓸 수 있고, 정겨운 시골집에서는 구수한 냄새가 납니다. 구수함은 정겨움의 향기이자 맛입니다.

닻단어

아늑하다
세상의 소음이 닿지 않는 나만의 동굴

의미 장소가 아담하고 편안하여
포근한 느낌이 있다.

용례 비 오는 날, 빗소리를 들으며 아늑한 이불에 있는 것을 좋아한다.
다락방은 나만의 아늑한 비밀 기지였다.
작지만 아늑하게 꾸며진 카페에서 친구를 기다렸다.

상황 언제?

해질녘, 은은한 조명 하나만 켜둔 거실 소파에 몸을 기댈 때. 숲속의 오두막이나 다락방처럼 세상과 분리된 듯한 공간에 머무를 때.

누구에게?

나의 작은 방, 오래된 서점의 구석 자리,
나만 아는 골목길 카페, 따뜻한 온기가 감도는 부모님의 집처럼,
내가 완벽히 무장해제될 수 있는 공간에게.

온도  **약 36.8°C**
외부의 냉기와 열기를 차단하고,
나의 체온(36.5°C)이 안전하게 보호받는
작은 새의 둥지와 같은 상징적인 온도.

국어교사로서 저는 '아늑하다'는 말이 우리말의 공간 감각을 아름답게 표현한다고 생각합니다. 이 단어는 '넓다'거나 '화려하다'는 말과는 어울리지 않습니다. 오히려 조붓하고 아담하다는 것이 핵심입니다. 아늑함은 크기에서 오는 것이 아니라, 외부와 적절히 차단되고 보호받고 있다는 느낌에서 비롯됩니다. 때로는 지나치게 넓은 공간이 '온기'를 흩어트려 휑함이나 쓸쓸함을 주기도 합니다. 아늑함은 나를 지켜줄 만큼의 적절한 경계가 주는 심리적인 온기입니다.

　아이러니하게도 제가 이 아늑함을 그토록 절실하게 떠올리는 순간은, 아늑함과 유난히 거리가 먼 교실에 있을 때입니다. 중학교 교실은 30명 남짓한 아이들의 에너지와 소음, 갈등과 웃음이 한데 뒤엉켜 폭발하는 공간입니다. 사방이 트여있고, 누구도 완벽히 혼자가 될 수 없습니다. 모든 것이 노출되어 있죠. 그곳은 마치 모두가 서로의 관객이 되는 작은 무대와 같아서, 아이들은 늘 타인의 시선과 평가를 의식하며 긴장(냉기) 속에 서 있습니다.

　그래서일까요, 아이들은 본능적으로 자신만의 아늑한 동굴을 찾아 헤맵니다. 쉬는 시간이면 교실 구석에 옹기종기 모여 앉아 자기들만의 비밀 이야기를 속삭입니다.

복도 끝 창가에 기대어 바깥을 내다보기도 하고, 심지어는 책상 위에 책으로 성을 쌓고 그 안에 엎드려 잠을 청합니다. 그 모습들은 모두, 이 소란스러운 공간에서 잠시나마 자신을 지켜줄 아늑한 틈을 만들려는 필사적인 몸짓처럼 보입니다. 그 책의 성은 잠을 자기 위한 울타리이기도 하지만, 타인의 시선으로부터 자신을 보호하는 작은 결계이기도 한 셈입니다.

한번은 학교 도서관에서 책을 읽는 아이들을 유심히 본 적이 있습니다. 넓고 쾌적한 중앙 테이블 대신, 아이들은 유독 창가 구석 자리나, 책장과 책장 사이에 난 좁은 통로 바닥에 주저앉아 책을 읽고 있었습니다. 어른의 눈으로 보면 불편하고 좁아 보이는데도, 아이들은 그 좁음에서 오히려 더없이 편안한 표정을 짓고 있었습니다.

왜 하필 구석일까요? 그것은 아마도 몸이 기억하는 원초적인 안전의 감각일 것입니다. 등을 벽에 기댐으로써, 경계해야 할 방향이 사방에서 정면 하나로 줄어듭니다. 그곳이 바로 아이들에게는 교실의 소음이 닿지 않는 피신처였던 셈입니다.

'아늑하다'는 단어는 결국 안전이라는 감각과 연결됩니다. 태아가 어미의 배 안에서 느끼는 완벽한 보호의 감각, 그것이 아늑함의 원형일지도 모릅니다. 세상의 수많은 위협과 자극으로부터 나를 가려주는 얇고 따뜻한 막, 그것이 아늑한 공간의 본질입니다. 그 막 안에서는 '애쓰지 않아도' 괜찮습니다. 갑옷을 입지 않고 무방비 상태로 있을 수 있는 유일한 곳, 나의 본모습이 '온기' 속에서 쉴 수 있는 곳입니다.

우리는 쉴 새 없이 외부의 부름과 소란에 시달립니다. 어쩌면 지금 우리에게 결핍된 감각이 바로 이 아늑함일지 모릅니다. 아무에게도 방해받지 않고, 아무것도 증명하지 않아도 되며, 온전히 '나'로 있을 수 있는 절대적인 안전지대 말입니다.

국어교사로서 아이들에게 옛이야기나 문학 작품을 읽어줄 때가 있습니다. 주인공들이 지친 몸과 마음을 누이고 다시 일어설 힘을 얻는 그런 공간들 말입니다. 낡은 다락방, 숲속의 작은 오두막, 따뜻한 벽난로 앞 같은 곳들이죠. 그런 이야기를 읽어줄 때면 아이들의 눈빛이 유난히 반짝입니다. 아이들도 그런 공간을 갈망하고 있기 때문이겠죠. 그 다락방은 세상과 분리되어 있고, 그 벽난로는 온기의 중심이 되어주기 때문입니다.

이처럼 아늑함이란 세상의 소란에 '나'를 잃지 않기 위해 꼭 필요한, 마음의 숨을 고르는 곳입니다. 물리적인 다락방이든, 혹은 책을 읽는 30분이라는 시간이든, 자신을 온전히 보호하고 재충전할 수 있는 나만의 아늑한 공간을 찾아보는 것은 어떨까요. 그 아늑함 속에서 얻은 '온기'야말로, 밖으로 다시 나아가 '열기'와 '냉기'를 마주할 힘이 되어줄 테니까요.

당신의 사전에 '아늑하다'를 기록해 보세요.

Q. 아늑함을 주는, 세상의 소음이 닿지 않는 자신만의 동굴은 어디인가요?

Q. 다른 사람에게 아늑한 존재가 되어준다는 것은 어떤 의미일까요? 그것이 가능할까요?

아늑하다의 쪽단어

고요하다

체감 온도	**약 36.0°C** 외부의 자극이 차단되어, 나의 고른 숨소리와 심장박동(36.5°C) 소리만 들릴 듯한 평화의 온도. 아늑함을 위한 조건인, 소음이 사라진 상태.
개념	'고요하다'는 시끄럽거나 어지럽지 않고 조용한 상태를 의미합니다. 소란스러운 움직임이 없이 잠잠하고 평화로운 분위기를 말합니다.
용례	❶ 아이들이 잠든 뒤, 집안에는 고요한 평화가 찾아왔다. ❷ 깊은 숲속은 나뭇잎 스치는 소리만 들릴 뿐 고요했다. ❸ 그녀는 고요한 마음으로 명상에 잠겼다.
닻 단어와의 관계	'아늑하다'는 '조붓하고 편안한' 공간이 주는 정서적 안락함을 아우릅니다. '고요하다'는 그 아늑함이 성립될 수 있도록 하는 물리적인 상태를 말합니다. 즉, 고요한 공간이라는 배경이 있어야, 우리는 아늑함을 느낄 수 있습니다. 아늑함이 동굴의 편안함이라면, 고요함은 그 동굴을 채우는 정적입니다.

아늑하다의 쪽단어

호젓하다

체감 온도	**약 35.5°C** 평균 체온보다 살짝 낮은, 홀로 있음의 서늘함이 오히려 쾌적하게 느껴지는 온도. 아늑함에 쓸쓸함 한 스푼이 더해져, 고독의 멋을 느끼게 하는 온도.
개념	'호젓하다'는 매우 홀가분하고 조용한 상태를 의미합니다. 어딘가 외따로 떨어져 있어, 홀로 있음의 멋이나 여유가 느껴지는 분위기를 말합니다.
용례	❶ 그는 호젓한 산길을 홀로 걸으며 생각에 잠겼다. ❷ 관광객이 떠난 밤바다는 호젓한 매력이 있다. ❸ 나는 시끄러운 도시를 떠나 호젓한 곳에서 며칠 쉬고 싶다.
닻 단어와의 관계	'아늑하다'는 포근함과 연결된, 안전과 보호의 감각을 아우릅니다. '호젓하다'는 그 고요함에 홀로 있음의 쓸쓸함이 더해져, 멋으로 느껴지는 분위기를 말합니다. 아늑함이 나만의 동굴처럼 안전함을 준다면, 호젓함은 나 홀로 있는 숲속처럼 자유와 여유를 줍니다.

아늑하다의 쪽단어

아기자기하다

체감 온도	**약 37.0°C** 정상 체온에 기분 좋은 즐거움이 더해진 온도. 아늑한 공간을 바라보는 것만으로도 미소가 지어지는, 작고 예쁜 것들의 온기.
개념	'아기자기하다'는 여러 개가 작은 것들이 모여 조화를 이루며 정답고 귀여운 느낌을 주는 상태입니다. 작고 소중한 물건들이나 소소한 이야기들이 주는 정다운 감각을 말합니다.
용례	❶ 그녀의 방은 작지만 아기자기한 소품들로 가득 차 있었다. ❷ 두 사람의 아기자기하게 살아가는 모습이 참 보기 좋았다. ❸ 이 동네는 아기자기한 상점들이 모여 있어 산책하기 좋다.
닻 단어와의 관계	'아늑하다'는 공간의 규모와 분위기를 아우릅니다. '아기자기하다'는 그 아늑한 공간을 채우는 내용물의 모습을 말합니다. 아늑함이 나만의 동굴이라는 틀이라면, 아기자기함은 그 동굴을 꾸미는 작고 귀여운 그림들입니다. 아늑함에 정겨움과 보는 즐거움을 더해줍니다.

아늑하다의 쪽단어

조촐하다

체감 온도	**약 36.5°C** 과시하기 위한 열기나 부족한 냉기 없이, 꼭 필요한 만큼의 체온만 갖춘 상태. 아늑함의 바탕이 되는, 소박하고 단출한 온기.
개념	'조촐하다'는 아담하고 소박하며, 크기나 규모가 작고 단출한 상태를 의미합니다. 화려하거나 거창하지 않고, 꼭 필요한 만큼만 갖춘 소박한 모양새를 말합니다.
용례	❶ 우리는 가족끼리 모여 조촐한 생일 파티를 열었다. ❷ 화려한 만찬보다 따뜻한 밥 한 끼의 조촐한 식사가 더 좋았다. ❸ 그의 방은 책상 하나, 침대 하나뿐인 조촐한 모습이었다.
닻 단어와의 관계	'아늑하다'는 세상의 소음이 닿지 않는 심리적 편안함을 아우릅니다. '조촐하다'는 그 편안함을 구현하는 물리적인 규모를 말합니다. 아늑함이 동굴이 주는 느낌이라면, 조촐함은 그 동굴의 크기입니다. 조촐한 공간이기에 오히려 더 아늑하게 느껴지는 경우가 많습니다.

2부 열기

심장을 데우고
때로는
태우는 말들

낱단어

애타다
손끝조차 닿지 않는 애타는 마음

의미   어떤 것을 몹시 바라고 기다리거나
이루지 못하여 안타깝고 초조하다.

용례   그는 돌아오지 않는 고향을 애타게 기다렸다.
배우들은 애타는 마음으로 자신의 차례를 기다렸다.
시험 결과가 나오기 전까지 학생들의 마음은 애탔다.

상황   언제?

간절히 바라는 것이 좀처럼 이루어지지 않을 때,
누군가를 몹시 기다리거나 걱정할 때,
어떤 중요한 결과를 초조하게 기다릴 때.

누구에게?

주로 자신이나 타인의 간절한 소망이나 결과에 대해,
또는 사랑하는 대상에 대해 사용된다.

온도    **약 40.0°C**
내 체온보다 훨씬 뜨거워 숨이 가빠지고,
마음이 조급해져 안절부절못하게 되는 온도.
뜨거운 햇볕 아래 타는 듯한 갈증과 같다.

교실에 앉아 아이들의 얼굴을 찬찬히 살펴봅니다. 저마다 다른 얼굴만큼이나 아이들마다 품고 있는 고민의 색깔도 다릅니다. 어떤 아이는 시험 성적 때문에, 어떤 아이는 친구 관계 때문에, 또 어떤 아이는 좋아하는 연예인 그룹의 해체 소식 때문에 끙끙 앓습니다. 제각기 다른 이유로, 아이들은 때때로 애타는 마음을 숨기지 못하고 보여주곤 합니다.

'애타다'.

이 단어를 떠올리면 저는 언제나 끓어오르는 물 주전자 속 수증기가 생각납니다. 맹렬한 불길 위에서 물이 끓기 시작하고, 뚜껑을 들어 올릴 듯 솟구치지만 결국은 밖으로 온전히 터져 나오지 못하고 주전자 안에 갇혀버리는, 그 답답하고 뜨거운 기운. 바로 그것이 '애타다'는 말의 본질적인 온도와 닮아 있습니다.

친절함과 다정함이 은은한 온기를 품고 있다면, '애타다'는 속에서부터 끓어오르는 뜨거운 열기를 품고 있습니다. 하지만 이 열기는 활활 타오르는 불꽃처럼 시원하게 타오르지 못합니다. 오히려 꽉 막힌 연통 속 연기처럼, 혹은 답답한 주전자 속 수증기처럼 갇혀서 안달복달하는, 갈증과 안타까움이 뒤섞인 열기입니다.

우리는 언제 애타는 마음을 느낄까요?

가장 먼저 떠오르는 것은 기다림의 순간일 겁니다. 누군가를 간절히 기다리는데 오지 않을 때, 간절히 바라는 어떤 결과가 좀처럼 나오지 않을 때 우리는 '애가 타다'고 말합니다. 병든 가족의 검사 결과를 기다리는 순간, 중요한 면접의 합격 통보를 기다리는 순간, 혹은 오랫동안 연락이 끊긴 친구에게서 답장이 오기를 기다리는 순간. 그 모든 기다림의 시간은 우리의 마음을 새까맣게 태우고, 애간장을 녹입니다.

저는 학창 시절, 짝사랑하던 친구에게 고백할 용기가 없어 몇 날 며칠을 애태웠던 기억이 있습니다. 차마 말은 못 하고 그 친구의 주변을 맴돌며, 마치 조심스럽게 타오르는 모닥불 주위를 맴도는 연기처럼 갈피를 잡지 못했습니다. 혹시라도 내 마음이 들킬까 두려웠고, 그렇다고 아무 말도 하지 않기에는 마음속 불꽃이 너무 뜨거웠습니다. 마음속에서는 이미 수천 번의 고백과 수천 번의 거절이 오갔지만, 현실에서는 단 한마디도 내뱉지 못한 채 속으로만 끓어올랐습니다. 그 친구의 작은 미소 한 번에도 제 마음은 천국과 지옥을 오갔습니다. 닿을 듯 닿지 않는 아득한 거리가, 어린 저를 그렇게도 애태웠습니다.

'애타다'는 간절함과 안타까움이 뒤섞인 감정입니다.

간절함은 뜨거운 열기를 품고 있습니다. 무엇인가를 온 마음 다해 바라는 순수한 열망이죠. 하지만 안타까움은 그 열망이 현실의 벽에 부딪혔을 때 찾아오는 서늘한 좌절감입니다. 이 두 감정이 한데 엉켜 우리 마음속에서 조화를 이루지 못하고 충돌할 때, 우리는 말 그대로 애가 타는 고통을 느낍니다. 마치 뜨거운 물이 끓어 넘치는데, 뚜껑을 열지 못하게 막혀 있는 주전자처럼 답답하고 불안한 상태입니다.

현대 사회를 살면서 우리는 유독 애태우는 일들이 많아진 듯합니다.

초고속 인터넷 시대에 우리는 모든 것이 빠르게 이루어지기를 기대합니다. 문자 메시지에 즉각적인 답장이 오지 않으면 초조해지고, 택배가 하루만 늦어져도 마음이 불편합니다. 내가 원하는 만큼 빠르게 결과가 나오지 않거나, 노력한 만큼 즉각적인 보상이 주어지지 않을 때, 우리는 쉽게 애타는 마음의 노예가 됩니다.

문제는 이 애타는 마음이 때로는 우리를 지치게 하고, 스스로를 소진하게 만든다는 것입니다. 오지 않는 연락을 기다리다 밤을 새우고, 해결되지 않는 문제에 매달려 온

정신을 소모합니다. 결국 애타는 마음은 우리를 지치게 하고, 때로는 분노나 절망으로 이어지기도 합니다. 마치 끓어오르는 주전자가 결국엔 물을 증발시켜 바닥을 태워버리듯이 말입니다.

그렇다면 우리는 이 애타는 마음을 어떻게 다루어야 할까요?

저는 아이들에게 애타는 마음은 간절함이 얼마나 큰지 보여주는 증거라고 말하곤 합니다. 이 마음은 결코 나쁜 것이 아닙니다. 무엇인가를 정말로 원하고, 그것에 진심으로 다가가고 싶다는 열망의 다른 이름입니다.

중요한 것은 그 애타는 마음을 어떻게 조절하느냐입니다. 끓어오르는 주전자의 뚜껑을 무작정 억누르기만 하면 결국 터져버릴지도 모릅니다. 때로는 불을 조금 줄여 온도를 조절하고, 때로는 아주 작게 뚜껑을 열어 증기를 배출하는 지혜가 필요합니다.

그러므로 나의 간절함을 알아주고, 그 마음의 열기를 천천히 식혀주는 연습이 필요합니다. 오지 않는 연락을 기다리다 너무 애탄다면, 잠시 휴대폰을 내려놓고 좋아하는 음악을 듣거나 산책을 나서는 것이 작은 뚜껑을 열어주는 행위가 될 수 있습니다. 뜻대로 되지 않는 일 때문에 초조하다면, 잠시 멈춰 차 한 잔을 마시며 심호흡을 하는 것만으로도 마음속 열기를 잠재울 수 있습니다.

당신의 사전에 '애타다'를 기록해 보세요.

Q. 지금 무엇인가를 애타게 기다리고 있나요?

Q. 그 애타는 마음의 밑바닥에는 사랑과 염려 중 어느 쪽이 더 큰가요?

애타다의 쪽단어

애끓다

체감 온도	**약 43.0°C** 애타는(40.0°C) 마음을 넘어, 내장(창자)이 뒤틀리며 끓어오르는 듯한 내부의 격통적인 고열. 열기가 안으로만 향해, 속을 새까맣게 태우다 못해 끓어오르게 하는 온도.
개념	'애끓다'는 '애'(창자, 속)가 '끓는다'는 말입니다. 매우 깊고 격렬한 고통을 의미합니다. 그리움이나 염려가 지속되어, 속이 뒤틀리고 끓어오르는 듯한 신체적인 아픔으로 느껴지는 상태를 말합니다.
용례	❶ 자식의 고통을 지켜보는 부모의 속은 애끓는 듯했다. ❷ 그는 애끓는 심정으로 그녀의 이름을 불렀다. ❸ 애끓는 슬픔이 가슴을 후벼 팠다.
닻 단어와의 관계	'애타다'는 마음이 새까맣게 타들어 가는 정신적 고통을 아우릅니다. '애끓다'는 그 고통이 심화되어 창자가 끓어오르는 듯한 육체적 고통으로 이어진 상태를 말합니다. 즉, '애타다'의 고통이 임계점을 지나 신체적인 감각으로까지 번진 것이 '애끓는' 상태입니다.

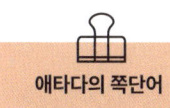
애타다의 쪽단어

초조하다

체감 온도	**약 39.5°C** 애타는 마음(40.0°C) 때문에 어쩔 줄 몰라 안절부절못하며, 헛된 열이 오르는 상태. 설렘의 온도와 같지만, 기대가 아닌 불안으로 체온이 조절되지 않는 답답한 미열.
개념	'초조하다'는 탈 초(焦)와 마를 조(燥)가 합쳐진 단어입니다. 속이 타들어가고 말라붙는 듯한 마음 상태를 의미합니다. 어떤 일을 해결할 방법이 없어 조마조마하고 불안해하는 감정입니다. 마음이 답답하고 조급해지는 상태입니다.
용례	❶ 그는 합격자 발표를 기다리며 초조한 듯 손톱을 물었다. ❷ 그녀가 늦어지자, 그는 점점 초조해지기 시작했다. ❸ 초조한 마음을 감추고 애써 태연한 척했다.
닻 단어와의 관계	'애타다'는 그리움이나 염려로 인해 속이 타들어 가는 근본적인 고통을 아우릅니다. '초조하다'는 그 애타는 마음 때문에 발생하는 조급하고 불안한 증상을 말합니다. 애타는 마음이 있기에 초조한 행동이 나옵니다. '애타다'가 고통의 원인이라면, 초조함은 그 고통을 주체하지 못하고 안절부절못하는 상태입니다.

닻단어

벅차다

눈물이 턱밑까지 차오르는 기쁨의 충만함

의미 감당하기 어려울 만큼 가슴속에 가득 차오르거나
혼자 감당하기 어려울 만큼 많거나 힘들다.

용례 그는 돌아오지 않는 고향을 애타게 기다렸다.
배우들은 애타는 마음으로 자신의 차례를 기다렸다.
시험 결과가 나오기 전까지 학생들의 마음은 애탔다.

상황 언제?

오랫동안 노력해온 일의 성공을 확인하는 순간. 전혀 기대하지 못했던 큰 감동이나 환대를 받았을 때. 수많은 관중 앞에서 큰 무대를 무사히 마쳤을 때.

누구에게?

나에게 벅찬 감동을 준 그 순간, 그 사람, 그 성과에게. 혹은 때로는, 감당하기 힘든 시련이나 책임감에도 쓰인다.

온도  **약 41.0°C**
큰 감동이나 기쁨이 한꺼번에 밀려와, 감당할 수 없을 만큼 심장이 뛰어 오르는 열. 스스로도 주체할 수 없는 감정이 최고조에 달하는 상태와 같다.

'벅차다'라는 단어를 학생들과 나눌 때면, 저는 그 말이 품고 있는 두 가지 상반된 모습을 함께 이야기해 줍니다. 첫 번째 모습은, 아이들이 "선생님, 숙제가 너무 벅차요"라고 말할 때 나타나는 버거움입니다. 이는 짊어진 무게가 감당하기 어려운 상태를 뜻합니다. 자신이 가진 힘으로는 도저히 어찌할 수 없는 압도적인 무언가와 마주한 상태입니다. 반면 두 번째 모습은, "가슴이 벅차오른다"고 표현할 때의 충만함입니다. 이 감정은 마음속에서 뜨거운 기운이 솟아오르는 '열기'와 닮아 있습니다. 내면에서부터 솟아나는 기쁨이나 감격이 주체할 수 없을 만큼 커진 상태를 말합니다.

하나의 단어가 어째서 이토록 다른 두 가지 의미를 동시에 지니게 되었을까요? 저는 그 근원을 감당하기 어려울 만큼 가득 채워진 공통의 상태에서 찾습니다. 그것이 견디기 어려운 짐이든, 혹은 깊은 깨달음에서 오는 감동이든, 개인이 지닌 마음의 그릇이 받아들일 수 있는 한계를 넘어서는 일입니다. 그릇에 물이 담길 때, 그것이 흙탕물이든 맑은 샘물이든, 그릇의 크기를 넘어서면 밖으로 흘러나온다는 점은 같습니다. 내용물이 무엇이든 그릇의 용량을 넘쳐흐르게 만드는 상태, 그것이 벅참의 핵심입니다.

중학교 교실은 이러한 벅참이 연이어 일어나는 공간입니다. 특히 버거움의 얼굴을 한 벅참은 아이들의 매일과 가깝게 맞닿아 있습니다. 감당하기 어려운 학습의 분량, 마치 쉴 새 없이 오르내리는 파도처럼 예측하기 힘든 감정의 변화, 그리고 어른들은 헤아리기 어려운 또래 관계에서 오는 무거운 압박감. 이 모든 것이 아직 여물지 않은 아이들에게는 저마다의 무게로 다가옵니다. 아이들은 매일 자신의 작은 그릇을 가득 채우고도 남는 무언가를 힘겹게 받아내고 있습니다.

그럼에도 제가 이 단어를 '열기'의 항목에 포함시킨 까닭은, 교실에서 그 정반대의 벅참을 마주하는 때가 그 어떤 순간보다 깊은 울림을 주기 때문입니다. 해마다 한 차례, 학교에서는 합창 대회를 엽니다. 준비하는 동안은 그야말로 버거운 상황들이 이어집니다. 소리가 맞지 않는 아이, 뒤에서 망설이는 아이, 장난으로 분위기를 흐리는 아이도 있습니다. "적당히 하자"는 시큰둥한 마음과 "한번 잘해보자"는 뜨거운 마음이 매일같이 서로 맞섭니다. 이 시기는 아이들에게도, 지켜보는 저에게도 견뎌야 할 몫이 많은 시간입니다.

그렇게 삐걱대고 어긋나던 아이들이 드디어 무대에 오르는 날, 놀라운 일이 펼쳐지곤 합니다. 연습 시간에는 좀처럼 맞지 않던 목소리들이 하나의 화음으로 아름답게 울려 퍼집니다. 평소 유독 장난기가 심했던 아이가 그 누구보다 진중한 표정으로 노래에 몰입합니다. 그리고 준비한 곡의 마지막 음이 강당을 가득 채우는 그 찰나, 앞에서 모두를 이끌던 반장 아이가 뒤를 돌아보며 애써 참아왔던 울음을 터뜨립니다. 그 울음은 지켜보는 이들의 마음까지 함께 움직입니다.

바로 그때, 그 아이의 마음을 가득 채우고 있던 감정, 그것이 '벅차다'의 두 번째 얼굴입니다. 그동안 겪었던 모든 힘겨움과 버거움이 한순간에 커다란 기쁨과 환희, 즉 충만함으로 바뀌는 순간입니다. 각자의 부족함을 딛고 일어서, 우리라는 이름으로 무언가를 함께 이루어냈다는 그 뜨거운 성취감. 그것은 혼자서는 결코 맛볼 수 없는, 함께 였기에 가능한 감동입니다. 그 깊은 감동이 마음의 그릇에 담을 수 없을 만큼 차올라 결국 눈물이 되어 흘러내리는 것입니다. 이는 개인이 감내한 어려움이 공동의 기쁨으로 승화되는 광경입니다.

국어를 가르치는 사람으로서 저는 아이들이 이러한

긍정적인 벅참의 경험을 삶에서 더 많이 마주하기를 소망합니다. 눈앞의 버거운 과제를 하나씩 해결했을 때 얻는 작은 성취감 또한 벅찬 기쁨의 일부가 될 수 있음을 깨닫게 해주고 싶습니다. 힘겨웠던 만큼, 그 일을 완수했을 때의 충만함은 더욱 크게 다가옵니다. 벅차오른다는 것은 표면적인 즐거움에 더하여, 세상을 받아들이는 내면의 그릇이 그 경험을 통해 한층 더 넓어지고 깊어졌다는 뜻이기도 합니다. 시련을 겪기 전의 그릇과 겪은 후의 그릇은 크기부터 달라지는 셈입니다.

사람들은 흔히 어른이 되어가며 감동에 익숙해지고, 마음의 그릇을 가득 채울 만큼 뜨거운 감정을 경험하기 어려워진다고 말합니다. 일상에서 버거움은 자주 겪으면서도, 가슴 깊이 차오르는 벅찬 감동은 점차 멀리하게 됩니다. 아이들의 모습은 이와 사뭇 다릅니다. 아이들은 여전히 사소해 보이는 일에도 온 마음으로 벅차게 감동할 줄 압니다. 곁에 있는 친구가 건네는 작은 위로의 말 한마디에, 혹은 선생님의 진심이 담긴 칭찬 하나에 금세 눈시울을 붉히곤 합니다. 그만큼 순수하게 받아들일 준비가 되어 있습니다.

저는 눈앞의 과제에 벅차 힘들어하는 아이들이, 훗날

에는 깊은 사랑과 귀한 성취로 인해 가슴 벅찬 어른이 되기를 바랍니다. 그 버거움을 이겨낸 경험이, 훗날의 벅찬 감동을 맞이할 힘이 될 것입니다. '벅차다'는 말은, 때로 감당하기 어려운 시련을 의미하기도 합니다. 동시에 그 말은, 개인이 예상하지 못했던 커다란 기쁨과 행복이 삶에 찾아왔음을 알리는 매우 뜨거운 신호가 되기도 합니다. 그 두 가지 얼굴 모두 우리가 살아있음을 느끼게 하는 소중한 감정입니다.

당신의 사전에 '벅차다'를 기록해 보세요.

Q. 최근 버거움으로서의 벅참과 충만함으로서의 벅참 중, 어느 쪽을 더 자주 느꼈나요?

벅차다의 쪽단어

감격스럽다

체감 온도	**약 41.0°C** '벅차다'의 온도와 동일하다. 정상 체온(36.5°C)의 마음이, 기대 이상의 온기를 만나 마음에 깊이 느껴져 솟아나는 감동의 고열.
개념	'감격스럽다'는 마음에 깊이 느껴져 고마움이나 감동이 솟아나는 상태를 말합니다. 어떤 큰 은혜를 입거나, 기대 이상의 좋은 결과를 마주했을 때 솟아나는 벅찬 감정입니다.
용례	❶ 이런 큰 상을 받게 되어 감격스러울 따름입니다. ❷ 그의 진심 어린 위로에 감격스러운 눈물이 났다. ❸ 오랜 노력의 결실을 보는 순간은 참으로 감격스럽다.
닻 단어와의 관계	'벅차다'는 감정이 가슴속에 가득 차오르는 상태와 충만함을 아우릅니다. '감격스럽다'는 그 벅찬 감정의 종류 중 하나로, 고마움과 감동에 초점을 맞춥니다. 벅참이 그릇(마음)이 가득 찬 현상이라면, 감격은 그 그릇을 채운 내용물입니다.

벅차다의 쪽단어

충만하다

체감 온도	**약 40.5°C** '벅차다(41.0°C)' 직전, 정상 체온(36.5°C)의 그릇에 더 이상 담을 수 없을 만큼 감정이 가득 차 포화 상태에 이른 열기.
개념	'충만하다'는 찰 충(充)과 찰 만(滿)이 만난 말로, 빈틈없이 가득 찬 상태를 의미합니다. 어떤 것이 부족함 없이 넘칠 듯이 가득한 모양새나, 그로 인한 만족감을 말합니다.
용례	❶ 그는 자신감으로 충만한 표정을 지었다. ❷ 가을 들판은 황금빛 곡식으로 충만했다. ❸ 사랑이 충만한 가정에서 자라난 아이.
닻 단어와의 관계	'벅차다'는 충만함이 그릇의 용량을 지나쳐 감당하기 어려운 결과를 아우릅니다. '충만하다'는 그 벅찬 상태에 이르기 직전, 가득 찬 원인이자 과정을 말합니다. 충만함이 포화 상태라면, 벅참은 그 포화 상태가 밖으로 넘쳐흐르는 순간입니다.

닻단어

설레다
가만히 있어도 심장이 뛰어오를 때

의미 마음이 기쁘거나
흥분되어 가라앉지 않고 들떠 있다.

용례 설레는 마음으로 소풍날 아침을 맞았다.
좋아하는 사람을 만날 생각에 가슴이 설레어 잠을 이루지 못했다.
새로운 시작은 언제나 우리를 설레게 한다.

상황 언제?

낯선 곳으로의 여행을 떠나기 전날 밤, 짐을 쌀 때.
좋아하는 사람에게서 "내일 만나"라는 문자를 받았을 때.
새해, 새 학기, 새 출발 등 '처음'을 하루 앞두고 있을 때.

누구에게?

나에게 기쁨을 줄 것이라 믿어 의심치 않는 미래의 어떤 순간에게. 혹은, 내 마음을 주체할 수 없이 들뜨게 만드는 사람에게.

온도  **약 39.5℃**
감기는 아니지만, 기분 좋은 흥분으로 뺨이 발그레하게 상기되는 미열의 상태. 무언가를 기대하는 마음이 심장을 평소보다 반 박자쯤 빠르게 뛰는 기분 좋은 상태이다.

중학생 시기의 아이들은 마치 설렘을 자양분 삼아 자라나는 듯 보입니다. 아이들이 뿜어내는 열기는 때로는 뜨겁게 타오르거나 감당하기 어렵게 벅차게 터져 나오기도 합니다. 하지만 교실의 일상을 가만히 들여다보면, 대부분의 시간은 그저 설렘이라고 부를 수 있는 나직한 미열의 상태로 공간을 채우고 있습니다. 그것은 무언가를 기다리는, 혹은 무언가가 곧 일어날 것 같은 기대감이 낮게 깔려 있는 상태입니다.

새해가 시작되고 맞이하는 3월의 교실 풍경이 꼭 그러합니다. 새로운 학년, 조금은 낯선 교실, 그리고 아직은 서먹한 새 친구들. 모든 것이 새롭게 시작되는 그곳에서는 아직 구체적인 어떤 일도 일어나지 않았습니다. 관계도, 배움도 아직은 백지 상태에 가깝습니다. 하지만 바로 그 때문에, 앞으로 무슨 좋은 일이 생길 것만 같은 이름 붙일 수 없는 막연한 기대로 아이들의 눈빛은 유난히 맑게 빛납니다. 그저 새로운 환경에 적응하느라 분주한 듯 보여도, 수업 시간에 가만히 아이들 한 명 한 명을 들여다보면 그 미묘한 설렘이 구체적인 모습을 발견할 수 있습니다.

특별한 까닭 없이 작은 일에도 웃음보가 터지는 아이

들, 곁눈질로 새로 짝이 된 친구의 얼굴을 조심스레 흘깃거리는 아이, 이제 막 받은 새 교과서 첫 장에 저마다의 다짐과 알 수 없는 낙서를 빼곡히 채워 넣는 아이. 교실을 채우는 그 모든 부산함과 얼핏 어수선해 보이는 움직임의 근원이 바로 설렘입니다. 정돈된 시각으로 보면 그 모습이 그저 산만함이나 집중하지 못하는 상태로 비칠 수도 있습니다. 하지만 그것은 아이들의 마음이 앞으로 다가올 한 해를 향해, 그리고 새롭게 만날 배움과 관계를 향해 설레며 힘차게 뛰고 있음을 보여주는 아주 자연스럽고 건강한 반응입니다.

물론, 교실을 이끌어야 하는 교사의 입장에서는 아이들의 이 주체할 수 없는 설렘이 때때로 큰 어려움으로 다가옵니다. 소풍이나 행사를 하루 앞둔 날이면, 아이들은 들뜬 마음에 설레서 눈앞의 수업 내용에 좀처럼 마음을 두지 못합니다. 심지어 복도를 지나가는 마음에 두었던 친구의 뒷모습을 보았다는 작은 이유만으로도, 한 아이의 마음은 설레서 온종일 창밖이나 교실 문 쪽을 향해 떠다니기도 합니다. 설렘은 정해진 규칙이나 이성적인 판단으로 쉽게 통제되지 않습니다. 때로는 교실 전체의 정돈된 분위기를 흔들고 정해진 약속을 무너뜨리는 열병처럼 순식간에 번져나가기도 합니다.

　하지만 저는 그렇게 통제되지 않는 아이들의 설렘을 바라볼 때마다, 어른이 되어가는 동안 서서히 잃어버린 무언가를 다시 마주하는 듯한 기분을 느낍니다. 어른들의 삶에서 설렘은 익숙함이라는 단어와는 멀리 떨어져 있습니다. 어른이 된다는 것은 어쩌면 끝없는 익숙함에 점차 길들여지는 일인지도 모릅니다. 매일같이 오가는 길, 날마다 처리하는 비슷한 업무, 큰 변화 없이 이어지는 예측 가능한 관계들. 이처럼 견고해 보이는 일상에 설렘이라는 낯선 감정이 비집고 들어올 여유는 많지 않습니다.

　우리는 설렘이 품고 있는 뜨거운 열기보다는, 차분하게 유지되는 온기가 주는 안정을 더 가치 있게 여깁니다. 그도 그럴 것이, 설렘은 어쩌면 불안정의 또 다른 모습일 수 있기 때문입니다. 앞으로 어떤 일이 벌어질지 예측할 수 없어서, 상황이 내 뜻대로 움직여주지 않아서, 그래서 오히려 마음이 동요하고 심장이 더 크게 뛰는 것이니까요. 안정된 궤도를 이탈할 수도 있다는 가능성 자체가 어른들에게는 부담으로 다가올 수 있습니다.

　국어 수업 시간에 아이들에게 "여러분에게 설렘은 무엇인가요?"라는 질문을 던지면, 아이들은 저마다의 표현으로 대답합니다. "심장이 간질간질한 거요", "기분 좋은 떨림이요", "왠지 웃음이 나는 거요"라며 앞다투어 자신의 느낌을 이야기합니다. 아이들의 순수한 대답은 모두 설렘의 중요한 일면을 보여줍니다. 하지만 저는 그 대답들에 더하여, 아이들이 이 단어의 또 다른 의미를 마음에 새겼으면 합니다.

"설렘은, 여러분이 이제 무언가를 새롭게 시작할 준비가 되었다는 마음의 신호입니다."

매일 반복되는 익숙함에 머무르기보다, 한 번도 가보지 못한 낯선 여행지 입구에서 기꺼이 설레하고, 결과가 보장되지 않은 새로운 도전을 앞두고 기꺼이 설레어 할 줄 아는 그런 사람은 삶을 더 생기 있게 사는 법입니다.

교사로서 아이들을 지켜보며 마음이 서늘해지는 순간은, 아이들의 눈빛에서 그 반짝이던 설렘의 미열이 사라졌음을 발견할 때입니다. 그 어떤 새로운 일에도 마음이 동하지 않고, 모든 것에 미지근한 반응을 보이는 아이를 마주할 때입니다. 배움에 대한 기대도, 친구와의 관계에 대한 기대도 없이 그저 시간을 보내는 듯한 모습을 볼 때, 저는 큰 안타까움을 느낍니다. 설렘은 우리가 세상을 향해 마음을 열고 있으며, 살아 숨 쉬고 있음을 보여주는 귀중한 감정입니다. 저는 제 아이들이 때로는 감당하기 힘들지라도 그 열병을, 그리고 일상을 은은하게 데워주는 그 미열을 어른이 되어서도 평생 간직하기를 진심으로 바랍니다.

당신의 사전에 '설레다'를 기록해 보세요.

Q. 마음을 마지막으로 설레게 했던 것은 무엇이었나요? 그것은 언제였나요?

설레다의 쪽단어

들뜨다

체감 온도	**약 39.5°C** 설렘(39.5°C)으로 인해 정상 체온(36.5°C)의 평정심을 잃고, 발이 땅에 닿지 않는 듯 가볍게 '떠오른' 상태의 미열. 공기 중에 붕 뜬 듯한, 불안정한 '열기'.
개념	'들뜨다'는 기분이나 마음이 가라앉지 않고 흥분으로 떠 있는 상태를 의미합니다. 평소의 차분함을 잃고, 몸과 마음이 붕 뜬 것처럼 불안정해진 모습입니다. 이로 인해 집중력을 잃고 안정되지 못하는 증상이 나타나기도 합니다.
용례	❶ 소풍 가기 전날, 아이들은 마음이 들떠 잠을 이루지 못했다. ❷ 오랜만의 칭찬에, 그는 기분이 들떠서 일이 손에 잡히지 않았다. ❸ 연말 분위기에 사람들은 모두 조금씩 들떠 보였다.
닻 단어와의 관계	'설레다'는 다가올 미래에 대한 기대감에서 비롯되는 '열기'입니다. '들뜨다'는 그 설레는 마음으로 인해 현재의 평정심을 잃고 붕 뜬 상태를 말합니다. 설렘이 그 '열기'의 원인이라면, 들뜸은 그 '열기'가 과해져 차분함을 잃어버린 증상에 가깝습니다.

설레다의 쪽단어

두근거리다

체감 온도	**약 39.5°C** 설렘의 온도와 동일하다. 정상 체온(36.5°C)일 때의 안정된 심장 박동이, 기대감이라는 '열기'를 만나 고열(39.5°C)로 치솟는 소리. '열기'의 신체적 증상.
개념	'두근거리다'는 기대감이나 흥분, 긴장 등으로 인해 심장이 평소보다 빠르고 크게 뛰는 소리나 감각을 의미합니다. 이는 마음의 동요가 몸으로 드러나는 신체적 현상입니다. 내 의지와 상관없이 심장이 뛰는, 통제 불가능한 생명의 반응입니다.
용례	❶ 그녀를 만날 생각에 가슴이 두근거려 잠을 잘 수 없었다. ❷ 합격자 명단에서 내 이름을 찾으려니 심장이 두근거렸다. ❸ 무대에 오르기 전, 긴장감으로 가슴이 세차게 두근거렸다.
닻 단어와의 관계	'설레다'는 가만히 있어도 심장이 뛰어오를 때의 마음(감정)을 아우릅니다. '두근거리다'는 그 설레는 마음 때문에 실제로 뛰고 있는 심장(신체)의 소리이자 감각입니다. 설렘이 열기 그 자체라면, 두근거림은 그 열기가 타고 있음을 알리는 몸의 증거입니다. 두근거림이 없다면 설렘도 없습니다.

낱단어

북받치다
목구멍까지 차오른 감정의 응어리

의미 (감정이나 힘이)
속에서 밖으로 세차게 밀려 나오다.

용례 억울함에 북받치는 울음을 참을 수가 없었다.
그의 따뜻한 위로에 그동안 참았던 설움이 북받쳐 올랐다.
어머니의 이름을 부르자, 그리움이 북받쳐 말이 나오지 않았다.

상황 언제?

억울한 오해를 받았으나 해명할 길이 막막할 때. 애써 꾹꾹 참아 왔던 슬픔이 누군가의 따뜻한 말 한마디에 무너져 내릴 때. 너무 큰 감동의 순간, 말이 나오지 않고 목이 메어올 때.

누구에게?

나의 의지로 누를 수 없는 슬픔, 분노,
혹은 벅찬 감동 그 자체에게.

온도  **약 42.0°C**
감당할 수 없는 슬픔이나 격한 감정이 목구멍까지 뜨겁게 차오르는, 순간적인 발작적 고열. 말이나 숨을 턱 막히게 할 만큼, 안에서 밖으로 터져 나오려는 강한 압력의 열감이다.

어떤 단어들은 그저 뜻을 전달하는 데 그치지 않고, 하나의 생생한 장면을 눈앞에 그려냅니다. '북받치다'라는 우리말의 동사(動詞)가 바로 그러합니다. 이 말은 '슬프다'나 '화난다'처럼 감정의 색깔을 규정하는 형용사적 상태에 머무르지 않습니다. 그것은 내 의지와 상관없이, 내면 깊은 곳의 무언가가 거대한 압력으로 목구멍을 치고 올라오는 격렬한 움직임입니다. 차분히 머물러 있는 상태가 아니라, 억누를 수 없는 힘이 솟구쳐 오르는 과정 그 자체입니다. 형용사가 상태를 묘사한다면, 이 동사는 사건을 통보합니다. 내 안에서 하나의 격렬한 사건이 발발했음을 알리는, 아주 다급하고 강렬한 신호입니다.

중학교 교실은 이러한 북받침이 수시로 일어나는 현장입니다. 사춘기에 접어든 아이들은 '괜찮은 척', '쿨한 척'하는 법을 배우기 시작합니다. 자신의 마음을 그대로 드러내는 것이 어딘가 미숙하고 유치하다고 여기기 때문입니다. 감정을 쉽게 드러내는 것을 어린애 같다고 생각하며, 미지근함을 일종의 방어막으로 두릅니다. 감정이 격한 아이는 분위기를 읽지 못하는 '진지충'이라 놀림받기 십상이고, 눈물이 많은 아이는 약하다는 낙인이 찍힐까 두려워합니다. 그 두려움은 아이들을 필요 이상으로 경직되게 만듭니다. 아이들은 그렇게 스스로의 열기를 감추는 법을 먼저 배웁니다. 그들의 내면은 여전히 통제 불가능한 열기로 들끓고 있는데도 말입니다.

저는 그 북받침의 순간을 종종 목격합니다. 평소 유난히 쾌활하고 장난기 심하던 아이, 교실의 분위기를 도맡아 이끌던 아이, 어떤 꾸중을 들어도 "에이, 선생님~" 하며 웃어넘기던 아이가 있었습니다. 그런데 어느 날, 그 아이의 친구 관계에 작은 오해가 생겼습니다. 평소와 달리 아이는 쉬는 시간에도 굳은 표정으로 앉아 있었습니다. 저는 그 아이를 교무실로 따로 불렀고, 조용한 목소리로 "무슨 일 있었니?"라는 평범한 질문을 던졌습니다.

아이는 평소처럼 웃으려 했습니다. 억지로 입꼬리를 끌어올리려는 안간힘이 보였습니다.

"아니요? 아무 일 없는데요."

하지만 그 말을 하는 아이의 턱이 미세하게 떨리고 있었습니다. 그 애써 태연한 표정과 떨리는 턱의 부조화가 아이의 상태를 말해주고 있었습니다.

"괜찮아, 그냥... 힘들어 보여서."

제 말이 채 끝나기도 전에, 아이의 눈에 눈물이 핑 돌더니, 이내 고개를 푹 숙여버렸습니다.

"……"

한동안 교무실에는 침묵이 흘렀습니다. 아이는 아무 말도 하지 못했습니다. 아니, '하지 못했다'는 표현이 맞을 겁니다. 그동안 억눌러왔던 서운함, 억울함, 슬픔의 응어리가 한꺼번에 북받쳐 올라와 목구멍을 꽉 막아버린 것입니다. 어떤 말로도 그 복잡한 심경을 꺼내놓을 수 없는, 오직 몸의 반응만이 남은 상태였습니다. 그 작은 어깨가 들썩이는 것을 보며, 저는 아이가 지금 자신의 '열기'와 얼마나 필사적으로 싸우고 있는지 알 수 있었습니다. 울지 않으려, 소리를 내지 않으려 애쓰는 모습이었습니다. 그 북받침은, 아이가 그동안 얼마나 많은 감정을 애써 삼켜왔는지 보여주는 뜨거운 증거였습니다. 괜찮은 척했던 그 모든 순간의 무게가 한꺼번에 터져 나오는 소리였습니다.

'북받치다'는 것은 통제할 수 없는 감정의 열병입니다. 어른들은 종종 아이들에게 "울지 마라", "화내지 마라"고 가르칩니다. 북받치는 감정을 억누르는 것이 성숙한 것이라 말합니다. 감정을 드러내지 않고 평정을 유지하는 것을 미덕으로 가르칩니다. 하지만 그 억누름이 쌓이면 어떻게 될까요? 그 뜨거운 열기는 사라지지 않고, 그저 묻힐 뿐입니다. 엉뚱한 곳에서 더 파괴적인 방식으로 터져 나오거나, 자신보다 약한 상대를 향하거나, 아이의 내면을 서서히 재로 만듭니다. 감정을 느끼는 능력 자체를 무디게 만듭니다.

하지만 국어를 가르치는 사람으로서 저는 그 격렬한 반응을 달리 봅니다. '북받친다'는 것은, 내가 그만큼 무언가에 진심이었다는 뜻입니다. 무관심했다면, 마음을 쓰지 않았다면 결코 일어나지 않았을 반응입니다. 억울함에 분노가 북받치는 것은, 내가 소중히 여기는 가치나 나의 정의를 지키고 싶었다는 간절한 마음의 표현입니다. 슬픔이 북받치는 것은, 내가 그것을 진심으로 아끼고 사랑했다는 뜻입니다. 감동이 북받치는 것은, 내 마음이 그만큼 순수하게 열려있다는 뜻입니다. 그렇기에 북받침은 부끄러워할 감정이 아니라 나의 진심을 확인하는 순간입니다.

북받치는 감정을 두려워할 필요 없습니다. 그 감정 자체는 잘못된 것이 아닙니다. 그것은 지극히 자연스러운 열기의 반응입니다. 문제는 그 북받침을 다루는 방식입니다. 그 거대한 힘을 어떻게 흘려보낼지 아는 것이 중요합니다. 저는 제 아이들이 그 뜨거운 응어리를 억지로 삼켜 속병을 앓거나, 혹은 엉뚱한 곳에 홧김으로 터뜨리지 않기를 바랍니다.

그래서 저는 아이들에게 시(詩)를 쓰게 합니다. 혹은 짧은 글이라도 적어보게 합니다. 목구멍까지 차오른 그 북받침을 말로 뱉어낼 용기가 없다면, 글로라도 쏟아내 보라고 합니다. 글로 옮겨 적는 행위는 그 감정과 거리를 두게 하고, 그것을 객관적으로 바라보게 만듭니다. '북받치다'라는 단어가 우리말에 존재하는 이유는, 그 감정을 말로 꺼내어 놓으라는 신호일지 모릅니다. 목구멍까지 차오른 그것을, 울음으로든, 글로든, 대화로든 쏟아낼 때, 그저 혼란스럽기만 하던 감정의 덩어리가 해체될 때, 비로소 그 뜨거운 열기는 나를 태우지 않고 다음으로 나아갈 온기가 됩니다. 감정은 억누르는 대상이 되기보다 다루어야 할 대상이며, 우리말은 그 감정을 다루는 아주 섬세하고 훌륭한 도구입니다. 내 마음을 정확히 표현해 줄 단어를 찾는 과정 자체가 치유의 시작이 됩니다. 아이들에게, 그리고 우리 어른들에게도, 그 북받치는 감정을 건강하게 마주할 용기가 필요합니다.

북받치다의 쪽단어

울컥하다

체감 온도	**약 40.0°C** '북받침(40.5°C)'의 전조 증상. 억눌렀던 감정이 한순간 방어 체온을 뚫고 솟구치는, 갑작스러운 '열기'의 신호.
개념	'울컥하다'는 감정이나 눈물 등이 속에서 겉으로 갑자기 치밀어 오르는 느낌을 의미합니다. 어떤 자극에 의해, 꾹 참고 있던 감정이 순간적으로 솟구치는 모양이나 감각을 말합니다.
용례	❶ 오랜만에 들은 어머니의 목소리에 울컥 눈물이 솟았다. ❷ 그의 진심 어린 사과에, 나도 모르게 울컥했다. ❸ 억울한 마음에 화가 울컥 치밀어 올랐다.
닻 단어와의 관계	'북받치다'는 감정의 응어리가 '목구멍까지 차오른' 상태를 아우릅니다. '울컥하다'는 그 상태에 이르기 직전, 감정이 방금 막 치밀어 오르기 시작하는 순간의 움직임을 말합니다. 울컥하는 감정이 해소되지 않고 쌓이면, 그것이 북받치는 상태가 됩니다.

북받치다의 쪽단어

왈칵

체감 온도	**약 41.0°C** 북받쳤던(40.5°C) 응어리가 마침내 터져 나오며, 그 '열기'의 압력이 밖으로 폭발하는 순간의 온도.
개념	'왈칵'은 눈물이나, 혹은 참았던 감정이 한꺼번에 세차게 터져 나오는 모양을 나타내는 부사입니다. 어떤 것이 갑자기 쏟아지거나 뿜어져 나오는 모습을 표현합니다.
용례	❶ 그의 위로 한마디에 참았던 눈물이 왈칵 쏟아졌다. ❷ 서러운 마음에, 나도 모르게 화가 왈칵 치밀었다. ❸ 아이는 문틈으로 피가 왈칵 솟는 것을 보았다.
닻 단어와의 관계	'북받치다'는 목구멍까지 감정이 차오른 압력의 상태를 말합니다. '왈칵'은 그 압력이 마침내 터져 눈물이나 분노가 뿜어져 나오는 순간의 모양을 표현합니다. 북받치는 감성은 '왈칵' 쏟아지기 마련입니다.

북받치다의 쪽단어

분하다

체감 온도	**약 42.0°C** 억울함이 원인이 되어 정상 체온을 상실하고, 상대를 공격할 듯이 끓어오르는 투쟁의 고열. 북받침의 감정이 슬픔이 아닌 분노로 향한 상태.
개념	'분하다'는 억울하고 노여운 마음이 가득 차 속이 끓어오르는 상태를 의미합니다. 자신의 정의나 가치가 부당하게 짓밟혔다고 느낄 때, 그것을 바로잡고 싶어 솟구치는 격렬한 감정입니다.
용례	❶ 나는 부당한 판정에 분한 마음을 감출 수 없었다. ❷ 정정당당하게 승부하지 못하고 패배한 것이 분했다. ❸ 그는 자신을 모함한 친구를 보며 분해서 어쩔 줄 몰랐다.
닻 단어와의 관계	'북받치다'는 목구멍까지 차오른 감정의 응어리 그 자체를 뜻합니다. '분하다'는 그 응어리의 성분이 슬픔이 아니라 분노임을 특정해주는 단어입니다. 북받치는 감정은 서러움으로 나타날 수도, 분함으로 나타날 수도 있습니다.

북받치다의 쪽단어

억울하다

체감 온도	**약 40.0°C** 정상 체온을 유지하고 싶으나, 외부의 부당한 압력(냉기)에 의해 '열기'가 억지로 응축되는 상태. 북받침의 연료가 되는, 답답한 내부의 열.
개념	'억울하다'는 억눌려 답답하다는 뜻입니다. 부당하게 대우받거나 오해를 받아, 마음이 답답하고 분한 상태를 의미합니다. 감정이 밖으로 풀리지 못하고 안으로 억눌려 쌓이는 과정 그 자체입니다.
용례	❶ 나는 하지도 않은 일로 벌을 서게 되어 억울했다. ❷ 아무도 진심을 알아주지 않아 억울한 마음이 들었다. ❸ 그는 자신의 억울함을 증명할 방법을 찾기 시작했다.
닻 단어와의 관계	'북받치다'는 차오른 응어리라는 결과를 말합니다. '억울하다'는 그 응어리가 만들어지는 과정이자 재료에 해당합니다. 억울함이 쌓여 분함이나 서러움이 되고, 그 분힘과 서러움이 '북받치게' 됩니다. 북받침이라는 감정의 주된 원인입니다.

닻단어

뜨겁다
사랑과 부끄러움의 같은 말, 다른 감각

의미 온도가 매우 높아 닿으면 데거나 타게 될 정도이다.
(비유적으로) 감정이나 열의가 매우 격렬하고 강하다.

용례 한여름 내리쬐는 햇볕이 뜨거워 숨이 막힐 지경이었다.
그는 뜨거운 열정으로 모두의 마음을 움직였다.
창피를 당하자, 얼굴이 뜨거워 고개를 들 수 없었다.

상황 언제?

첫사랑에 빠져 온 세상이 그 사람으로만 보일 때. 자신의 신념을 지키기 위해 열정적으로 무언가에 몰두할 때. 많은 사람 앞에서 큰 실수를 저질러 얼굴이 화끈거릴 때.

누구에게?

내 심장을 뛰게 하는 열정적인 사랑의 대상에게. 나를 부끄럽게 만든 나의 잘못이나 실수에게.

온도  **약 50.0℃**
손을 댈 수 없을 만큼 활활 타오르는 느낌. 혹은, 끓어오르기 직전의 온도. 만지면 데일 듯 아찔하고, 피할 수 없이 강렬한 감정의 발화점이다.

감정을 표현하는 우리말 중에는 신체의 감각을 그대로 빌려온 경우가 많습니다. '뜨겁다'라는 단어는 그중에서도 유독 흥미로운 예입니다. 이 하나의 단어가 어떻게 열렬한 사랑이라는 지극히 긍정적인 감정과, 극심한 부끄러움이라는 견디기 힘든 부정적인 감정을 동시에 품을 수 있는 것일까요? 이 말은 표면적인 온도를 표현하는 역할도 하지만, 그와 동시에 마음의 가장 극단적인 상태 두 가지를 함께 아우릅니다.

중학교 교실은 이 뜨거움의 두 얼굴이 매일같이 충돌하고 교차하는 거대한 용광로와 같습니다. 이 시기 아이들의 삶은 그야말로 '열기' 그 자체라 할 수 있습니다. 차분한 '온기'의 시대를 지나, 모든 감정이 양극단으로 끓어오르는 시기입니다. 감정의 폭이 매우 크고 그 강도도 셉니다.

저는 아이들이 서툴게 쓴 시(詩)에서 그 순수한 뜨거움을 봅니다. "심장이 너무 뜨거워서 터질 것 같아요." 이것은 한 아이가 짝사랑하는 친구를 바라보며 쓴 시의 한 구절입니다. 경험 많은 어른의 시선으로 보면 다소 유치하고 상투적인 표현일지도 모릅니다. 하지만 그 글을 쓴 아이에게는 100퍼센트의 진심입니다. 아이들은 아직 자신의 감정을 적당히 미지근하게 조절하는 방법을 알지 못합니다. 좋으면 세상을 다 가진 듯이 뜨겁고, 싫으면 세상이 무너진 듯이 차갑습니다. 그 중간을 찾기 어려워합니다. 아이들은 그 주체할 수 없는 뜨거운 열정으로 학교 축제를 준비하고, 밤을 새워가며 자신이 좋아하는 무언가에 깊이 몰두합니다. 그 에너지는 주변까지 물들입니다.

하지만 이 강렬한 '열기'에는 반드시 그 반대편의 어두운 그림자가 따릅니다. 저는 그 고통스러운 뜨거움 또한 교실에서 자주 목격합니다. 얼마 전, 몹시 내성적인 한 아이가 큰 용기를 내어 떨리는 목소리로 발표를 하고 있었습니다. 애써 준비한 내용을 읽다가 긴장한 탓에 그만 단어가 엉켜버렸고, 그 순간 교실 뒤편에서 누군가의 작은 비웃음이 터져 나왔습니다.

발표하던 아이는 그 자리에서 아무 말도 하지 못했습니다. 그저 고개를 푹 숙인 아이의 귀와 목덜미가, 마치 불에 덴 것처럼 새빨갛게 달아오르는 것을 보았습니다. 그것은 앞서 말한 열정의 뜨거움과는 전혀 다른 것이었습니다. 그것은 수치심과 부끄러움이 만들어낸 고통의 뜨거움이었습니다. 아이는 그 뜨거움 때문에 타버릴 듯 위태로워 보였습니다. 짝사랑에 빠졌을 때의 그 뜨거움과는 정반대의, 어딘가로 숨고 싶고 그 자리에서 사라지고 싶은 아주 고통스러운 열기였습니다.

어째서 우리말은 이토록 상반된 두 가지 감각에 '뜨겁다'는 같은 이름을 붙여주었을까요. 저는 그 해답이 우리의 몸에 있다고 생각합니다. 열렬히 사랑을 할 때든, 극심한 부끄러움을 느낄 때든, 우리의 몸은 놀랍도록 똑같이 반응합니다. 심장이 통제할 수 없이 뛰고, 피가 얼굴로 쏠리며, 나 자신이 스스로를 제어하기 어려운 흥분 상태가 됩니다. 즉, '뜨겁다'는 것은 이성적인 판단이 아니라 몸이 먼저 반응하는 아주 원초적인 감정의 상태를 일컫는 말입니다. 이성이 끼어들 틈도 없이, 내 의지와 상관없이 나를 압도해버리는 강력한 감정의 불길입니다. 이성으로 제어하기 전에 몸이 먼저 아는 감각, 그것이 바로 뜨거움입니다.

국어를 가르치는 사람으로서 저의 역할은 아이들에게 정확한 문법 지식을 가르치는 일에만 머무르지 않을 것입니다. 아이들이 이 격렬한 뜨거움을 다루는 법을 깨닫도록 돕는 것 역시 저의 중요한 몫이라 생각합니다. 사랑과 열정이라는 긍정적인 뜨거움은 삶의 큰 축복이니, 그것을 두려워 말고 마음껏 누리라고 말해주어야 합니다. 그것이 바로 너를 살아있게 만드는 힘이라고 격려해주어야 합니다.

그리고 동시에, 부끄러움과 실패라는 고통스러운 뜨거움을 만났을 때, 그것이 너를 남김없이 재로 만드는 파괴적인 불이 아니라는 점을 알려주어야 합니다. 이렇게 말해줄 수 있어야 합니다.

"얼굴이 뜨거워질 만큼, 너는 그 일에 진심이었던 거야. 그 뜨거움은 네가 무언가를 간절히 열망했다는 소중한 증거란다."

그러니 이 뜨거운 감각을 피하거나 외면하지 말고, 잘 식혀서 다음 걸음을 내딛기 위한 '온기'로 만들 수 있다고 다독여주어야 합니다. 실패의 뜨거움은 다음 도전을 위한 자양분이 될 수 있습니다.

뜨거움을 피하는 삶은 표면적으로는 안전하고 평온할지 모릅니다. 하지만 그런 삶을 진정 살아있다고 말하기는 어려울 것입니다. 그래서 모든 감정을 적당히 회피하는 미지근한 어른이 되지 않기를 바랍니다. 기꺼이 뜨겁게 사랑하고, 뜨겁게 무언가에 열중하고, 설령 그 과정에서 뜨겁게 부끄러워할지라도, 그 모든 감각을 자신의 온몸으로 겪어내는 뜨거운 사람이 되기를 진심으로 응원합니다. 그 뜨거움이야말로 삶의 원동력이기 때문입니다.

당신의 사전에 '뜨겁다'를 기록해 보세요.

Q. 삶을 가장 뜨겁게 만들었던 열정은 무엇이었나요?

Q. 사랑의 뜨거움과 부끄러움의 뜨거움 중, 최근 어느 쪽을 더 강렬하게 경험했나요?

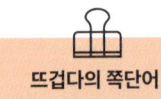
뜨겁다의 쪽단어

후끈하다

체감 온도	**약 42.0°C** 정상 체온(36.5°C) 위로 갑자기 솟구치는 돌발적인 고열. 한순간 땀이 밸 만큼, 갑자기 몸의 온도가 상승하는 감각.
개념	'후끈하다'는 기운이 갑자기 세게 느껴지는 상태를 의미합니다. 불길이 후끈 솟아오르거나, 감정이 후끈 치밀어 오르는 것처럼, 어떤 기운이 안에서 밖으로, 혹은 밖에서 안으로 갑작스럽게 닥쳐오는 모양을 말합니다.
용례	❶ 아궁이에서 불길이 후끈 솟아올랐다. ❷ 그의 말을 듣는 순간, 화가 치밀어 얼굴이 후끈 달아올랐다. ❸ 사람들의 열기로 가득 찬 공연장은 후끈했다.
닻 단어와의 관계	'뜨겁다'는 '열기'의 전반적인 상태를 아우릅니다. '후끈하다'는 그 뜨거운 상태를 갑자기 감각하는 순간 혹은 변화를 묘사합니다. '뜨겁다'가 열기의 지속적인 상태를 말할 수 있다면, '후끈하다'는 그 열기가 맹렬하게 느껴지는 찰나의 감각에 더 가깝습니다.

뜨겁다의 쪽단어

달아오르다

체감 온도	**약 36.5°C ~ 45.0°C (진행형)** 정상 체온(36.5°C)에서 '고열'로 서서히 혹은 급격히 '상승하는' 과정의 온도. 흥분이나 부끄러움으로 피가 쏠려 뺨이 뜨거워지는 감각.
개념	'달아오르다'는 몸이나 마음이 흥분이나 부끄러움 등으로 '더워지는' 과정을 의미합니다. 어떤 상태가 어떤 계기로 인해 감정이 고조되거나 격해지는 움직임을 보여줍니다.
용례	❶ 부끄러움에 그녀의 얼굴이 붉게 달아올랐다. ❷ 한여름 땡볕에 아스팔트가 뜨겁게 달아올랐다. ❸ 경기가 격해지자 응원단의 함성도 달아오르기 시작했다.
닻 단어와의 관계	'뜨겁다'는 '열기'의 상태를 아우릅니다. '달아오르다'는 그 뜨거운 상태에 도달하는 과정 그 자체를 말합니다. '뜨거워지다'를 감각적으로 표현하는 말로, 사랑과 부끄러움 모두 달아오르는 과정을 거쳐 뜨거움에 이르게 됩니다.

뜨겁다의 쪽단어

열렬하다

체감 온도	**약 43.0°C** 어떤 대상(신념, 사랑)에 대한 열병과도 같은, 이성을 마비시키는 정신적 고열. 정상 체온으로는 감당할 수 없는, 맹목적이고 격렬한 마음의 온도.
개념	'열렬하다'는 감정이나 태도가 불같이 맹렬하고 격정적인 상태를 의미합니다. 사랑, 신념, 지지와 같은 긍정적인 열망이 매우 격렬하여 다른 것을 생각할 수 없게 만드는 모습을 말합니다.
용례	❶ 그들은 만난 지 하루 만에 열렬한 사랑에 빠졌다. ❷ 관중들은 선수들에게 열렬한 환호를 보냈다. ❸ 그녀는 그 신념의 열렬한 지지자이다.
닻 단어와의 관계	'뜨겁다'는 사랑과 부끄러움이라는 두 가지 감정을 모두 아우릅니다. '열렬하다'는 그중에서도 사랑이나 열정, 환호와 같이 밖으로 표출되는 뜨거움의 태도를 맡습니다. 뜨거움의 격정적이고 맹목적인 얼굴이라 할 수 있습니다.

뜨겁다의 쪽단어

화끈하다

체감 온도	**약 45.5°C** 뜨거움이 한계에 달해 터지거나, 부끄러움으로 체온이 순식간에 정점에 치달은 최고 고열. 뺨이 덴 것처럼 아프게 뜨거운, '뜨겁다'의 절정.
개념	'화끈하다'는 기운이 몹시 세거나, 부끄러움이 극에 달해 얼굴이 몹시 달아오르는 감각을 의미합니다. '달아오르다'의 결과이며, 어떤 기운이 한계점에 도달해 폭발하는 절정의 순간입니다. 매운맛의 통각처럼, 아픔이나 충격에 가깝게 느껴지는 감각이기도 합니다.
용례	❶ 매운 떡볶이를 먹었더니 입안이 화끈거렸다. ❷ 실수를 깨달은 순간, 온몸이 화끈거리는 부끄러움을 느꼈다. ❸ 모두의 시선이 집중되자 그녀는 얼굴이 화끈 달아올랐다.
닻 단어와의 관계	'뜨겁다'는 사랑(열기)과 부끄러움(열기)이라는 두 가지 상반된 감각을 아우릅니다. '화끈하다'는 그 두 감각의 절정을 묘사합니다. 성격이 '화끈하다'고 할 때는 열정을, 얼굴이 '화끈거리다'고 할 때는 부끄러움을 나타냅니다. '뜨겁다'가 품고 있는 두 의미의 최고점입니다.

낯단어

안달나다

어찌할 바를 몰라 발을 동동 구르는 마음

의미 뜻대로 되지 않아
 속을 태우며 조급해지다.

용례 그는 원하는 것을 갖지 못해 안달이 났다.
 그녀는 답장이 없는 그를 기다리며 안달을 했다.
 시험 결과를 빨리 알고 싶은 마음에 속이 안달이었다.

상황 언제?

좋아하는 사람이 내 연락에 한참 답이 없을 때. 중요한 시험 결과나 합격자 발표를 몇 분 앞두고 있을 때. 내가 원하는 것을 부모님이 사주지 않고 미루실 때.

누구에게?

내 마음대로 통제되지 않는 '그 사람'이나 '그 상황'에게. 혹은, 그것을 기다리는 나 자신의 조급한 마음에게.

온도  **약 39.0°C**

체온(36.5°C)이 조급함이라는 바이러스를 만나, 어쩔 줄 모르고 헛되이 끓는 성가신 고열. 땀이 나지만 시원해지지 않고, 속에서만 맴돌며 끈적하게 만드는, 답답한 발열의 상태.

'열기'를 표현하는 우리말들은 저마다 고유의 온도를 지니고 있습니다. '뜨겁다'나 '벅차다'가 긍정적인 감정이 한순간에 차오르거나 밖으로 터져 나오는 폭발에 가깝다면, '안달나다'는 그와 결이 사뭇 다릅니다. 이는 원하는 대로 일이 풀리지 않아 속이 타는 내부 발열에 가깝습니다. 말의 생김새 그대로 '안'에서 '달(熱)'이 나는 것, 즉 겉으로 크게 드러내지 못한 채 속에서부터 뜨거운 기운이 끓어오르는 상태를 뜻합니다. 무언가를 향한 마음은 간절한데, 그 마음이 나아갈 길을 찾지 못하고 안에서 소용돌이치며 타오르는 것입니다.

중학생 시기 아이들의 삶은 그 구조상 안달이 나기 쉽습니다. 스스로 하고 싶은 것은 너무나 많은 '열기'의 시기를 보내고 있지만, 동시에 부모님과 선생님, 정해진 규칙이라는 통제 안에서 일상을 꾸려야 하기 때문입니다. 자신의 내면에서 뿜어져 나오는 욕망은 뜨거운데, 마주하는 현실은 그 욕망을 다 받아주지 못할 때, 그 커다란 온도 차이에서 안달이라는 감정이 싹틉니다. 이것은 어찌 보면 지극히 자연스러운 현상입니다.

저는 매일 교실에서 그 안달의 여러 모습을 봅니다. 점심시간을 알리는 종이 울리기도 전에, 5분이라도 먼저 식당에 가려고 문 앞에서부터 안달이 난 아이들. 쉬는 시간, 좋아하는 친구가 자신에게 말을 걸어주기를 기다리며 그 주변만 맴도는 아이. 새로 나온 놀잇거리나 물건을 사달라고 부모님을 조르다 뜻대로 되지 않아 안달이 난 아이. 이러한 모습들은 이미 그 시기를 지나온 어른들의 눈에는 그저 철없고 조급한 행동으로 보일 수 있습니다. 당장의 욕구를 참지 못하는 미성숙한 태도로 비칠 수도 있습니다.

하지만 저는 그 안달을 조금 다르게 봅니다. 그것은 아이들이 무언가를 그만큼 간절히 원하고 있다는 아주 뜨거운 신호입니다. 안달은 열망의 또 다른 이름입니다. 아무것도 원하지 않는 미지근한 아이, 무언가를 향한 마음이 없는 아이는 결코 안달이 나지 않습니다. 무언가를 향해 마음이 움직였기에, 그것을 손에 넣고 싶다는 소망이 생겼기에 비로소 경험하는 감정입니다. 그러므로 안달은 그 자체로 생명력의 증거입니다.

얼마 전, 유독 그림 그리기를 좋아하던 한 아이가 있었습니다. 아이는 학교 축제 포스터 공모전에 나가고 싶어 했습니다. 그것을 위해 며칠 밤을 새워 구상을 할 정도였습니다. 하지만 부모님은 "학생 본분은 공부인데, 그럴 시간에 무슨 그림이냐"며 강하게 반대하셨죠. 아이는 며칠 동안 시무룩해 있었고, 말수도 부쩍 줄었습니다. 그 모습은 누가 봐도 하고 싶은 것을 하지 못해 안달이 난 상태였습니다. 원하는 것을 할 수 없는 그 답답함에 속이 까맣게 타들어 가고 있었죠.

저는 그 아이를 불러 조용히 물었습니다.

"그렇게 그리고 싶어? 그럼 선생님 몰래 그려서 한번 내볼래? 결과가 어떻든, 하고 싶은 건 해봐야지."

아이는 그 말에 망설이다가, 이내 눈을 반짝였습니다. 며칠 뒤, 아이는 아무도 없는 방과 후 교실에 남아, 그 억눌렸던 안달의 열기를 전부 쏟아붓듯 그림을 완성했습니다. 비록 그 그림이 큰 상을 받지는 못했지만, 아이는 결과와 상관없이 아주 환하게 웃었습니다. 그 순간, 아이는 답답했던 안달의 열기를 스스로 열정이라는 긍정적인 에너지로 풀어낸 것입니다.

안달은 그 자체로 나쁜 감정이 아니라 내가 무엇을 원하는지 알려주는 신호이자 방향입니다. 문제는 그 안달이 나를 삼키도록 그대로 내버려 두는 것입니다. 그 조급함에 휩쓸리면, 우리는 눈앞의 것만 보게 되고, 떼를 쓰거나, 상황을 원망하거나, 혹은 너무 쉽게 포기해버립니다. 그 열기가 나를 태우는 불이 되는 것입니다.

그렇기 때문에, 안달을 긍정적인 '열기'로 바꾸어내는 지혜를 배우길 바랍니다. 그래서 이렇게 말해주고 싶습니다.

"네가 지금 이렇게 안달이 난 것은, 그만큼 그것을 간절히 원하기 때문이야. 그 마음을 먼저 솔직하게 인정하렴. 하지만 그 조급함이 너의 소중한 열망을 망치게 두지는 마. 그 안달의 열기를, 지금 당장 네가 할 수 있는 작은 실천으로 바꾸어보렴. 그림을 그리고 싶다면, 작은 종이에라도 스케치를 시작해 보렴."

안달이 난 마음을 스스로 다독여 기다림을 배우게 하고, 그 조급하고 들끓는 '열기'를 자신이 원하는 것을 이루기 위한 꾸준한 '온기'로 바꾸어가는 과정. 그것이 바로 성숙으로 나아가는 길입니다.

당신의 사전에 '안달나다'를 기록해 보세요.

Q. 최근 무엇 때문에 가장 안달이 났었나요? 그 안달은 당신의 어떤 간절한 욕망을 보여주나요?

Q. 원하는 것을 바로 얻지 못하고 안달이 났던 경험이, 결국 긍정적인 열정의 연료가 되었던 적이 있나요?

안달나다의 쪽단어

조바심

체감 온도	**약 38.8°C** '안달(39.0°C)'이 나기 직전, 속을 태우며 체온을 끓어오르게 만드는 불안의 예열. 심장이 불필요하게 빨리 뛰며 속을 졸이는, 소모적인 '열기'.
개념	앞으로 일이 잘될지 몰라 마음을 졸이며 초조해하는 마음입니다. 아직 일어나지 않은 일을 미리 걱정하며 애를 태우는, 미래를 향한 불안을 의미합니다.
용례	❶ 그는 혹시나 시험에 떨어질까 봐 조바심을 냈다. ❷ 조바심을 낼수록 일은 더 손에 잡히지 않았다. ❸ 그녀의 마음속에는 기대보다 조바심이 더 컸다.
닻 단어와의 관계	안달은 뜻대로 되지 않는 현재의 상황에 대한 조급함과 답답함을 아우릅니다. '조바심'은 그와 결이 조금 다르게, '미래'에 일이 잘 안될까 봐 미리 걱정하며 마음을 졸이는 불안의 영역을 맡습니다. 안달이 발을 동동 구르는 행동이라면, '조바심'은 그 행동을 유발하는 내면의 상태입니다. 이 '조바심'은 안달을 일으키는 주된 원인이 되기도 합니다.

안달나다의 쪽단어

숨가쁘다

체감 온도	**약 40.0°C** 안달 난 마음(39.0°C)을 따라잡기 위해, 한계까지 뛰어오른 심장의 고열. 정상적인 호흡(체온)을 잃어버리고, 조급함에 헐떡이는 '열기'의 증상.
개념	'숨가쁘다'는 호흡이 몹시 빠르고 거칠어진 상태를 의미합니다. 조급한 마음이 몸의 속도를 억지로 끌어올리거나, 벅찬 일을 감당할 때 호흡이 가빠지는 모습입니다. 평소의 고른 호흡을 잃어버린 위태로운 상태를 말합니다.
용례	❶ 정상에 오르자 숨가쁜 호흡이 터져 나왔다. ❷ 숨가쁘게 돌아가는 도시의 일상에 지쳐버렸다. ❸ 그는 숨가쁘게 달려왔던 지난날을 회상했다.
닻 단어와의 관계	안달은 원하는 것을 얻지 못해 어찌할 바를 모르는 심리적 조급함을 의미합니다. '숨가쁘다'는 그 안달 난 마음을 좇아가느라 '신체적'으로 헐떡이는 증상을 말합니다. 안달이 마음의 상태라면, '숨가쁘다'는 그 마음이 몸으로 드러난 결과입니다. 안달이 나면, 마음도 몸도 숨가빠집니다.

3부 냉기

마음의 틈으로
스며드는
서늘한 말들

> **낯단어**

쓸쓸하다

텅 빈 방 안을 채우는 공기의 무게

의미 외롭거나 의지할 데가 없어 마음이 허전하고 서운하다.
날씨나 분위기가 황량하고 스산하다.

......

용례 가을바람에 구르는 낙엽 소리가 쓸쓸하게 들렸다.
모두가 떠나고 난 뒤, 텅 빈 교실에 홀로 남아 쓸쓸함을 느꼈다.
그의 쓸쓸한 뒷모습에서 말 못 할 사연이 느껴지는 듯했다.

......

상황 언제?

시끌벅적했던 파티나 모임이 끝나고 혼자 집으로 돌아오는 길. 모두가 즐거워 보이는데 나만 그 무리에 끼지 못한다고 느낄 때. 늦은 밤, 텅 빈 놀이터의 흔들리는 그네를 볼 때.

누구에게?

홀로 남겨진 '나'의 마음에게. 혹은, 아무도 없는 낡은 골목길, 늦가을의 황량한 들판처럼 비어 있음을 느끼게 하는 풍경에게.

......

온도  **약 15.0℃**
온기가 모두 빠져나간 늦가을, 해 질 녘의 공기 온도.
곁에 아무도 없어 스스로의 체온을 더 선명하게 느끼게 되는 서늘함. 차가움보다는 허전함에 가까운 온도.

'냉기'에 속하는 단어들을 수업에서 다룰 때면, 저는 다른 어떤 단원보다도 더 마음을 쓰며 조심하게 됩니다. '열기'나 '온기'를 주제로 하는 말들이 아이들의 어깨를 펴게 하고 삶의 에너지를 돋우는 역할을 한다면, '냉기'의 단어들은 그와 반대입니다. 그 말들은 우리의 몸과 마음을 동시에 움츠러들게 만듭니다. 그 차가운 감각 때문에, 말을 꺼내는 저조차 아이들에게 상처를 입히지 않으려 망설이게 됩니다. 그리고 그 여러 말들 중에서도 '쓸쓸하다'는 표현은, 한창 예민한 사춘기 아이들의 가장 부드럽고 연약한 부분을 건드리는, 아주 조심스러운 말이 될 수 있습니다.

중학교 교실만큼 군중 속의 고독이라는 말을 실감 나게 배울 수 있는 공간이 또 있을까 싶습니다. 서른 명 남짓한 아이들이 하나의 공간에 빽빽하게 모여 하루의 대부분을 보냅니다. 겉보기에는 모두가 한데 섞여 있는 듯하지만, 그 안을 자세히 들여다보면 모두가 따뜻한 '우리'라는 공동체 안에 속해 있지는 않습니다. 아이들은 그 시기에 저마다의 섬이 되어 교실이라는 바다를 떠다니고, 몇몇이 모여 친한 무리라는 이름의 작은 울타리를 만듭니다. 그리고 그 울타리는 필연적으로 누군가를 바깥으로 밀어냅니다. 그 경계가 만들어내는 보이지 않는 바람이 바로 쓸쓸함의 시작입니다.

저는 매일 교실의 곳곳에서 그 쓸쓸함이 만들어내는 구체적인 풍경을 봅니다. 시끌벅적한 점심시간, 이미 무리를 지어 나간 아이들 사이에서, 함께 밥 먹을 친구를 미처 찾지 못해 교실에 남아 책을 보는 척하는 아이의 뒷모습. 그 뒷모습은 많은 것을 말해줍니다. 함성이 가득한 체육 시간, 편을 가를 때 아무도 자신을 팀에 뽑아주지 않아 경기장 가장자리를 서성이는 아이의 머뭇거리는 시선. 그 시선은 차마 경기를 향하지 못하고 땅에 머무릅니다. 혹은, 쉬는 시간에 모두가 무언가에 즐거워하며 웃고 떠드는 바로 그 순간, 그 활기찬 웃음에 동참하지 못하고 홀로 창밖을 물끄러미 바라보는 아이.

그 아이들의 마음을 표현하기에 '외롭다'는 단어는 어딘가 부족합니다. 그 모습들은 '외롭다'는 말보다 '쓸쓸하다'는 단어에 훨씬 더 가깝습니다. 외로움이 물리적으로든 심리적으로든 관계가 완전히 단절된 상태를 의미한다면, 쓸쓸함은 그보다 더 미묘한 감각입니다. 쓸쓸함은 관계의 틈새에서 느껴지는 차가운 바람입니다. 곁에 분명히 사람은 있습니다. 교실은 붐빕니다. 하지만 그 사람들이 뿜어내는 따뜻한 기운이, 그 온기가 나에게까지는 닿지 않을 때, 바로 그 거리감 속에서 우리는 쓸쓸함을 느낍니다.

어른들은 종종 이 쓸쓸함을 외로움과 쉽게 동일시합니다. 그래서 그 감정을 느끼는 아이들에게 그저 "친구들과 잘 지내라"거나 "좀 더 활발하게 어울려보라"고 섣부른 조언을 건네곤 합니다. 하지만 수업에서 이 단어를 다룰 때, 저는 아이들에게 쓸쓸함이 꼭 피해야만 하는 나쁜 감정은 아니라고 말해주고 싶습니다. 오히려 '쓸쓸하다'는 것은, 잠시 멈추어 서서 내가 '나' 자신과 비로소 마주할 시간이 왔다는 소중한 신호일지도 모릅니다.

늘 주변의 시끄러운 소리와 관계의 분주한 '열기'에 휩쓸려 다니다가, 거기서 한발 물러나 텅 빈 공간을 홀로 마주할 때. 그때 우리는 비로소 바깥이 아닌 '나'의 마음에 귀를 기울이게 됩니다. 다른 사람의 목소리가 아닌 내면의 소리를 듣게 됩니다. 쓸쓸함은 내가 진정 무엇을 원하고, 무엇을 그리워하며, 내 마음의 온도가 지금 정확히 몇 도인지를 가만히 들여다보게 하는 냉철한 거울입니다. 그 거울 앞에서는 거짓말을 할 수 없습니다.

문학 수업 시간에 윤동주의 시를 가르칠 때가 꼭 그렇

습니다. "바람이 불어 부끄러운 일"을 떠올리고, 이국 타향에서 홀로 자신을 돌아보는 시인의 마음은 쓸쓸함 그 자체입니다. 그는 누구보다 깊은 쓸쓸함의 한가운데 있었습니다. 하지만 아이들은 바로 그 쓸쓸함 속에서 부끄러움이라는 고귀한 감정을 배우고, 자신을 깊이 들여다보는 성찰의 힘을 배웁니다. 그 고요하고 차가운 쓸쓸함이 없었다면, 우리를 울리는 그 위대한 시들도 탄생하지 못했을 겁니다.

그래서 쓸쓸함이라는 감정을 두려워하지 않기를 바랍니다. 친구 무리에서 잠시 떨어져 나와 혼자 있는 시간을 관계의 실패나 쓸쓸한 낙오라고 생각하지 않기를 바랍니다. 그것은 실패가 아니라, 아주 중요한 멈춤의 시간입니다. 그 쓸쓸함이 주는 차가운 온도는, 시끄럽고 분주한 '열기' 속에서는 결코 들을 수 없었던 내면의 목소리를 듣게 해주는, 세상에서 가장 고요하고 선명한 온도입니다.

그렇기에 '쓸쓸하다'는 것은 그저 텅 비어 있다는 뜻이 아닐 수 있습니다. 그것은 어쩌면, 불필요한 것들이 빠져나가고 오롯이 나로 가득 채울 준비가 되었다는 뜻일 수 있습니다. '냉기'의 감정들은 분명 우리를 아프게 하고 움츠러들게 만듭니다. 하지만 그것들은 동시에 우리를 더 깊이 생각하게 만들고, 내면을 더 여물게 합니다. 쓸쓸함이라는 차가운 공기를 기꺼이 들이마실 용기가 있는 아이만이, 그 차가움을 겪어낸 아이만이, 훗날 자신만의 고유한 '온기'를 품을 줄 아는, 속이 깊은 어른으로 자라날 수 있을 겁니다.

당신의 사전에 '쓸쓸하다'를 기록해 보세요.

Q. 쓸쓸함을 느낄 때, 주로 어떻게 반응하나요?

Q. 삶에서 쓸쓸함이 필요하다고 느낀 순간은 언제였나요? 그 서늘함이 당신에게 준 것은 무엇인가요?

쓸쓸하다의 쪽단어

서늘하다

체감 온도	**약 30.0°C** 온기(36.5°C)가 막 가시기 시작한, 체온이 닿지 않는 그늘의 온도. 차가움이 아닌 따뜻함의 부재가 처음 느껴지는, 쓸쓸함의 시작.
개념	'서늘하다'는 훈훈한 기운이 없어 어딘가 허전하게 느껴지는 기운입니다. 이는 어떤 상실감이나 빈자리를 처음 감각하는 상태이기도 합니다.
용례	❶ 해가 지자, 바람이 서늘하게 불어왔다. ❷ 그의 서늘한 눈빛에서 거절의 의미를 읽었다. ❸ 따뜻했던 사이가 이젠 서늘하게 식어버렸다.
닻 단어와의 관계	'쓸쓸하다'는 텅 빈 방 안을 채우는 정서적인 허전함을 아우릅니다. '서늘하다'는 그 허전함이 피부로 느껴지는 물리적인 감각을 말합니다. 서늘한 공기는 쓸쓸한 마음을 불러일으킵니다. 쓸쓸함이 감정이라면, 서늘함은 그 감정의 시작이자 징후입니다.

쓸쓸하다의 쪽단어

썰렁하다

체감 온도	**약 25.0°C** 체온(36.5°C)을 지켜줄 아무것도 없는 텅 빈 공간에, 내 온기를 빼앗기는 듯한 온도. 서늘함에 휑함이 더해진, 쓸쓸함의 공기 그 자체.
개념	'썰렁하다'는 분위기나 공간이 몹시 휑하여, 어딘가 어색하고 을씨년스러운 상태를 말합니다. 채워져 있어야 할 것이 비어 있거나, 기대했던 반응이 없어 무안하고 멋쩍은 느낌을 줍니다.
용례	❶ 농담을 했지만, 아무도 웃지 않아 분위기가 썰렁해졌다. ❷ 아이들이 모두 떠난 교실은 썰렁하기 그지없었다. ❸ 텅 빈 방 안은 썰렁한 기운만 감돌았다.
닻 단어와의 관계	'쓸쓸하다'는 텅 빈 방에서 느끼는 내면의 감정을 말합니다. '썰렁하다'는 그 텅 빈 방의 분위기와 공기 그 자체를 묘사합니다. 쓸쓸함의 닻단어 부제(텅 빈 방 안을 채우는 공기의 무게)가 바로 이 썰렁함의 감각입니다. 썰렁한 공간은 쓸쓸한 감정을 불러일으킵니다.

쓸쓸하다의 쪽단어

서글프다

체감 온도	**약 10.0°C** 쓸쓸함 속에서 정상 체온을 유지하려는 노력을 포기했을 때, '냉기'가 마음속까지 파고드는 차가운 슬픔의 온도.
개념	'서글프다'는 외롭고 서러워서 슬픈 마음을 의미합니다. '서럽다'가 억울함으로 인해 솟구치는 격한 감정이라면, '서글프다'는 외로움이나 허전함을 바탕으로 하여 마음이 아픈, 그보다 고요한 슬픔입니다.
용례	❶ 홀로 명절을 보내는 노인의 뒷모습이 서글퍼 보였다. ❷ 다시는 돌아갈 수 없는 어린 시절을 생각하니 서글픈 마음이 들었다. ❸ 그는 "다 부질없다"며 서글프게 웃었다.
닻 단어와의 관계	'쓸쓸하다'는 텅 빈 방에 홀로 있는 상태를 아우릅니다. '서글프다'는 그 홀로 있는 상태 때문에 눈물이 나는 감정을 말합니다. 쓸쓸함이 어떤 환경이라면, 서글픔은 그 환경에 영향을 받은 마음입니다. 쓸쓸함은 그저 고요할 수 있지만, 그 쓸쓸함이 깊어지면 서글픔이 됩니다.

쓸쓸하다의 쪽단어

울적하다

체감 온도	**약 18.0°C** 비 오는 날, 젖은 옷이 체온을 빼앗아가는 듯한 축축하고 무거운 냉기. 쓸쓸함에 답답함이 더해져, 마음이 밖으로 뻗어 나가지 못하고 안으로 가라앉는 온도.
개념	'울적하다'는 답답할 울(鬱)과 고요할 적(寂)이 만난 단어입니다. 고요함과 답답함이 뒤섞여 마음이 무겁게 가라앉는 상태를 의미합니다. 기분이 풀리지 않아 답답하고 우울한 감정입니다.
용례	❶ 비가 오는 날이면, 그녀는 까닭 없이 울적해지곤 했다. ❷ 시험에 떨어진 그는 며칠째 울적한 기분에서 벗어나지 못했다. ❸ 울적한 마음을 달래기 위해 친구에게 전화를 걸었다.
닻 단어와의 관계	'쓸쓸하다'는 텅 빈 방의 고요함과 허전함을 말합니다. '울적하다'는 그 쓸쓸한 상태에 답답함과 무거움이 더해진 감정입니다. 쓸쓸함이 비어 있는 허전함이라면, 울적함은 밖으로 풀리지 못하고 갇혀 있는 답답함입니다. 쓸쓸함에 답답함이 너해진 복합적인 감정입니다.

쓸쓸하다의 쪽단어

적적하다

체감 온도	약 12.0°C 쓸쓸함(15.0°C)보다 소리가 더 강조된, 정상 체온(36.5°C)을 가진 생명체의 활동 소리가 완전히 배제된 절대 정적의 온도.
개념	'적적하다'는 고요할 적(寂)자가 두 번 겹친 말로, 매우 고요하고 외로운 상태를 의미합니다. 인기척이나 말소리가 없어 마음이 허전하고 쓸쓸한 기분을 나타냅니다. 소리의 부재가 강조된, 정적인 고요함과 외로움입니다.
용례	❶ 아이들이 모두 떠난 시골집은 적적하기만 했다. ❷ 그는 아내가 세상을 떠난 뒤, 적적한 나날을 보내고 있다. ❸ 빗소리만 들리는 빈 방이 유난히 적적하게 느껴졌다.
닻 단어와의 관계	'쓸쓸하다'는 텅 빈 방처럼 공간의 허전함에서 오는 정서적 감정을 아우릅니다. '적적하다'는 그 쓸쓸함의 요소 중 소리마저 사라진 고요함과 외로움에 집중합니다. 쓸쓸함이 시각적이거나 정서적인 공허함을 포함한다면, '적적하다'는 청각적 공허함이 더해진 상태입니다.

쓸쓸하다의 쪽단어

고즈넉하다

체감 온도	**약 18.0°C** 쓸쓸함(15.0°C)의 서늘함은 있지만, 아늑함의 평온한 체온(36.5°C)이 주는 안정감이 섞인 '미온'에 가까운 냉기. 멋을 즐길 수 있는, 통제된 서늘함.
개념	'고즈넉하다'는 고요하고 아늑하며, 어딘가 외따로 떨어진 듯한 멋이 있는 상태를 의미합니다. 이는 허전함이나 외로움이 멋이나 여유의 분위기로 느껴지는, 긍정적인 고요함의 상태입니다.
용례	❶ 고즈넉한 산사의 풍경 소리가 마음을 평화롭게 했다. ❷ 해 질 녘의 고궁은 고즈넉한 멋이 있다. ❸ 우리는 고즈넉한 한옥에서 하룻밤을 묵었다.
닻 단어와의 관계	'쓸쓸하다'는 기댈 곳이 없어 마음이 허전하고 서운한 정서적 감정을 아우릅니다. '고즈넉하다'는 그 쓸쓸함이 분위기와 만나 멋으로 느껴지는 상태를 말합니다. 쓸쓸함이 서글픔이나 외로움 같은 고통을 동반할 수 있는 반면, 고스넉함은 평화로움이나 안정감을 동반합니다.

> **낯단어**

쌀쌀맞다
일부러 걸어 잠근 마음의 빗장

의미   정이 없고
         꽤 차가운 태도가 있다.

용례   그는 내 인사를 쌀쌀맞게 무시하고 지나갔다.
         "알아서 해"라는 쌀쌀맞은 대답에 마음이 서늘해졌다.
         처음에는 쌀쌀맞게 굴던 그도, 나중에는 마음을 열었다.

상황   언제?

상대방의 호의나 인사를 일부러 무시하거나 퉁명스럽게 답할 때.
마음에 들지 않는 사람과 엮이고 싶지 않아 일부러 선을 그을 때.
자신의 약한 모습을 들키고 싶지 않아 방어적인 태도를 취할 때.

누구에게?

나에게 다가오려는 '그 사람'의 온기에게. 혹은, 더 이상 상처받고 싶지 않아 빗장을 걸어 잠근 '나' 자신에게.

온도    **약 5.0°C**
         초겨울, 살갗을 스치며 옷깃을 여미게 만드는 찬바람. 온기를 밀어내고 거리를 두기 위해 낮춘 마음의 온도. '뼈를 파고 들진 않지만, 관계를 지속하기 어렵게 만드는 차가움이다.

'냉기'를 표현하는 말 중에서도 '쌀쌀맞다'라는 단어는 그 방향성이 뚜렷하게 다릅니다. '쓸쓸하다'나 '시리다' 같은 단어들이 주로 외부의 상황이나 관계의 상실로 인해 나에게 스며들어와 겪게 되는 수동적인 냉기라면, '쌀쌀맞다'는 내가 바깥을 향해 선택하는 능동적인 냉기입니다. 그것은 스스로를 지키기 위한 방어의 수단이자, 때로는 먼저 상처를 주기 위한 공격의 무기가 되는 의도된 차가움입니다. 이 말 속에는 상대의 온기를 거부하겠다는 명확한 의지가 담겨 있습니다.

중학교 교실은 이 쌀쌀맞음이 가장 빈번하게 사용되고 관찰되는 공간 중 하나입니다. 아이들의 세계는 겉으로 보이는 것보다 훨씬 복잡하고 섬세한 역학으로 움직입니다. 그들은 아직 자신의 여린 마음이나 복잡한 감정을 '온기'의 언어로 능숙하게 다루는 법을 알지 못합니다. "나 지금 속상해", "네가 오해해서 서운해"라고 말하는 대신, 가장 손쉬운 방법, 즉 쌀쌀맞음을 통해 자신을 방어하고, 서로의 거리를 재며, 관계를 설정합니다.

저는 매일 교실에서 ㄱ. 쌀쌀맞음이 만들어내는 긴장의 풍경을 봅니다. 어제까지 둘도 없는 친구처럼 지내던 두 아이가, 오늘 아침에는 서로에게 얼음장처럼 쌀쌀맞게 굽니다. 사소한 오해나 다툼 뒤, "미안해" 혹은 "괜찮아?"라고 묻는 대신, 상대방을 향한 쌀쌀맞은 무시를 택한 것입니다. 그 차가운 침묵은 어떤 말보다 더 큰 거부감을 표현합니다. 누군가 용기를 내어 말을 걸어도, 퉁명스러운 단답과 차가운 눈빛으로 상대를 밀어냅니다.

또 다른 종류의 쌀쌀맞음도 있습니다. 전학 온 아이가 어색하게 웃으며 말을 걸 때, "왜?" 혹은 "몰라"라고 쏘아붙이며 무안을 주는 아이. 사실 그 아이는 낯선 존재가 자신의 익숙한 관계망이나 무리를 깨뜨리는 것이 두려워 쌀쌀맞음이라는 가시를 먼저 세운 것일 뿐인데도 말입니다. 그 태도는 낯선 상대를 향한 것이기도 하지만, 자신의 무리를 향한 방어 신호이기도 합니다.

어른들은 종종 이런 아이들의 모습을 보고 "정이 없다"거나 "성격이 못됐다"고 쉽게 판단합니다. 하지만 교사로서 오랫동안 아이들을 지켜본 저는, 그 쌀쌀맞음이 본래의 성품이라기보다는 서툴고 미숙한 방어기제일 때가 훨씬 더 많다는 것을 압니다. 아이들은 어른들의 생각보다 훨씬 더 연약합니다. 작은 비판이나 거절, 혹은 무시당하는 느낌에도 어른보다 훨씬 더 크고 깊은 상처를 입습니다.

그래서 상처받기 전에, 얕보이기 전에, 먼저 쌀쌀맞게 굴어 상대방이 나에게 함부로 다가오지 못하도록 합니다. "나는 네가 필요 없어", "나는 너에게 관심 없어"라는 차가운 태도는, 사실 "나를 함부로 대하지 말아줘", "나를 다치게 하지 말아줘"라는 절박한 외침일 때가 많습니다. 교실에서 유독 쌀쌀맞은 태도로 두꺼운 벽을 치는 아이가, 사실은 가장 여리고 뜨거운 상처를 그 안에 숨기고 있는 경우가 많습니다. 그 상처를 들키지 않기 위해, 더 두꺼운 얼음벽을 치는 것입니다.

국어수업 시간에 아이들에게 '쌀쌀맞다'의 반대말이 무엇인지 물어본 적이 있습니다. 아이들은 주저 없이 '따뜻하다', '다정하다', '살갑다' 등을 이야기했습니다. 모두 맞는 말입니다. 하지만 저는 아이들에게 이렇게 말해주고 싶습니다. '쌀쌀맞다'의 진짜 반대말은, 어쩌면 '용기 있다'일지도 모른다고요.

살가움과 다정함은 생각보다 큰 용기를 필요로 합니다. 상처받을 것을 두려워하지 않고 먼저 손을 내밀 수 있는 살가운 용기. 내 마음이 틀릴까 봐, 혹은 거절당할까 봐 걱정하지 않고 진심을 표현하는 뜨거운 용기. 그 용기가 부족하기에, 혹은 그 용기를 내는 법을 아직 배우지 못했기에, 우리는 쌀쌀맞음이라는 가장 손쉽고 차가운 갑옷 뒤에 숨습니다.

    그래서 쌀쌀맞음의 갑옷을 언젠가는 스스로 벗어던질 용기를 갖고, 쌀쌀맞은 태도가 당장은 나를 지켜주는 것 같지만, 결국에는 나 자신을 그 냉기 속에 고립시킨다는 것을 깨닫기를 바랍니다. 일부러 바깥으로 향하게 한 그 차가운 온도는 타인뿐만 아니라, 결국 나 자신을 가장 춥고 외롭게 만드니까요. 그 갑옷은 나를 지키는 동시에 나를 가두는 감옥이 될 수도 있습니다.

당신의 사전에 '쌀쌀맞다'를 기록해 보세요.

Q. 주로 어떨 때 다른 사람에게 쌀쌀맞게 굴게 되나요?

Q. 누군가의 쌀쌀맞은 태도에 상처를 받았다면, 그것을 어떻게 받아들였나요?

쌀쌀맞다의 쪽단어

무뚝뚝하다

체감 온도	**약 10.0°C** 정상 체온(36.5°C)의 표정 변화나 '온기'가 전혀 실리지 않은, 감정이 드러나지 않는 무표정의 온도.
개념	'무뚝뚝하다'는 말과 행동, 표정이 부드럽지 못하고 퉁명스러운 상태를 의미합니다. 감정 표현이 서툴거나 말을 아껴, 겉으로 드러나는 태도가 부드럽지 못한 모습입니다.
용례	❶ 경상도 남자는 무뚝뚝하다는 편견이 있다. ❷ 그는 무뚝뚝한 표정으로 "왔어"라고 짧게 인사했다. ❸ 겉은 무뚝뚝해 보여도 속은 정이 깊은 사람이었다.
닻 단어와의 관계	'쌀쌀맞다'는 일부러 빗장을 걸어 잠그는 능동적인 거부를 아우릅니다. '무뚝뚝하다'는 그중에서도 표현이 없거나 서툰 수동적인 상태를 말합니다. '쌀쌀맞다'가 의도를 가지고 상대를 밀어낸다면, '무뚝뚝하다'는 의도 없이도 결과적으로 거리를 두게 만드는 표정입니다.

쌀쌀맞다의 쪽단어

까칠하다

체감 온도	**약 0.0°C** 정상 체온(36.5°C)이 닿으면 아픔(통증)을 느끼는, 날카로운 가시나 얼음 조각의 온도.
개념	'까칠하다'는 성미가 예민하고 날카로워 부드럽지 않은 상태를 의미합니다. 어떤 자극에 대해 너그럽게 넘기지 못하고, 날을 세워 반응하는 모습입니다.
용례	❶ 그는 오늘따라 유난히 까칠하게 굴어 아무도 말을 걸지 못했다. ❷ 밤샘 작업에 성격이 까칠해졌다. ❸ 그녀의 까칠한 말투에 대화가 금방 끊겼다.
닻 단어와의 관계	'쌀쌀맞다'는 빗장을 걸어 잠그는 방어의 태도를 아우릅니다. '까칠하다'는 그 방어의 태도에 날카로운 가시 같은 공격성이 더해진 상태입니다. '쌀쌀맞다'가 차가운 태도라면, '까칠하다'는 그 태도에 묻어나는 날카로운 감촉입니다. 쌀쌀맞음보다 더 예민한 기운을 가집니다.

쌀쌀맞다의 쪽단어

새침하다

체감 온도	**약 20.0°C** 정상 체온(36.5°C)의 속마음(온기)을 감추기 위해, 일부러 겉을 서늘하게 포장하는 가짜 냉기의 온도.
개념	'새침하다'는 마음과 달리 쌀쌀맞은 시늉을 하며, 자신의 속마음을 감추는 태도를 의미합니다. 부끄러움을 감추거나, 상대의 마음을 떠보기 위해 일부러 퉁명스러운 표정이나 태도를 짓는 모습입니다.
용례	❶ 그녀는 칭찬을 듣고도, 새침한 표정으로 "별로예요"라고 말했다. ❷ 아이는 원하는 것을 사주지 않자 새침하게 고개를 돌렸다. ❸ 새침하게 굴지 말고, 네 속마음을 솔직하게 말해 봐.
닻 단어와의 관계	'쌀쌀맞다'는 진심으로 빗장을 건 차가운 태도를 말합니다. '새침하다'는 그와 달리, '속마음(온기/열기)'을 숨기기 위해 쌀쌀맞은 척하는 연기입니다. '쌀쌀맞다'가 방어의 태도라면, '새침하다'는 부끄러움이나 관심 끌기의 표현일 수 있습니다.

쌀쌀맞다의 쪽단어

시큰둥하다

체감 온도	**약 28.0°C** '열기'나 '온기'를 기대했으나, 정상 체온(36.5°C)에도 한참 미치지 못하는 미지근함으로 대응하는, 열의 없음의 온도.
개념	'시큰둥하다'는 마음에 내키지 않아 퉁명스럽고 열의가 없는 태도를 의미합니다. 어떤 일이나 제안에 무관심하거나 귀찮음을 느껴, 열의 없이 반응하는 모습입니다.
용례	❶ 내가 신나서 이야기했지만, 그의 반응은 시큰둥했다. ❷ 그는 회식 제안에 "난 별로"라며 시큰둥한 표정을 지었다. ❸ 처음엔 시큰둥하던 아이도 막상 게임이 시작되자 신이 났다.
닻 단어와의 관계	'쌀쌀맞다'는 거부라는 의도를 가진 차가운 태도를 아우릅니다. '시큰둥하다'는 그보다 열의가 없는 무관심에서 비롯된 미시근한 태도입니다. '쌀쌀맞디'기 상대에게 차가움을 주려 한다면, '시큰둥하다'는 상대에게 아무런 온도도 주지 않습니다.

쌀쌀맞다의 쪽단어

마뜩잖다

체감 온도	**약 30.0°C** 무언가 마음에 들지 않아 정상 체온(36.5°C)의 평정심이 깨지고, 불쾌감으로 차가워지기 시작하는 '속마음'의 온도.
개념	'마뜩잖다'는 마음에 들지 않아 탐탁지 않다는 의미입니다. 어떤 일이나 제안이 자신의 기준이나 기분에 차지 않아, 불만스럽게 여기는 속마음을 말합니다.
용례	❶ 그는 상사의 지시가 마뜩잖은 듯, 고개만 끄덕였다. ❷ 나는 그의 변명이 영 마뜩잖게 들렸다. ❸ 음식은 나왔지만, 정작 마뜩잖은 표정으로 깨작거리기만 했다.
닻 단어와의 관계	'쌀쌀맞다'는 겉으로 드러나는 차가운 태도를 말합니다. '마뜩잖다'는 그 태도를 유발한 속마음(불만)입니다. 마뜩잖은 마음이 겉으로 드러날 때, 쌀쌀맞거나 시큰둥한 태도가 됩니다. 쌀쌀맞음이라는 빗장을 걸게 만든 내면의 불쾌감입니다.

쌀쌀맞다의 쪽단어

모질다

체감 온도	**약 -2.0°C** 쌀쌀맞음(5.0°C)을 넘어, 정상 체온(36.5°C)을 가진 상대에게 의도적으로 고통(시림)을 주는, 무기가 된 냉기.
개념	'모질다'는 마음이 매섭고 독하여 인정이나 정이 전혀 없는 상태를 의미합니다. 상대방에게 상처를 줄 것을 알면서도, 매정하고 독하게 행동하는 모습입니다.
용례	❶ 그는 모질게 돌아서며 다시는 찾지 않겠다고 말했다. ❷ 모진 풍파를 겪으며 그의 마음도 차갑게 굳어졌다. ❸ 아이에게 그토록 모진 말을 내뱉은 자신이 원망스러웠다.
닻 단어와의 관계	'쌀쌀맞다'는 빗장을 걸어 잠그는 방어적인 태도를 아우릅니다. '모질다'는 그 방어를 넘어 상대에게 상처를 주려는 '공격적인' 마음입니다. 쌀쌀맞음이 차가운 태도라면, 모짊은 잔인함에 가까운 독한 마음입니다. 쌀쌀맞음보다 너 매섭고 독힌 기운을 가집니다.

닻단어

시리다
뼛속을 파고드는 마음의 통증

의미   매우 차가운 기운이 뼈를 파고들 듯하다.
　　　　가슴이나 마음에 고통스러운 슬픔이나 아픔이 느껴지다.

용례   한겨울 시린 바람이 뼛속까지 파고들었다.
　　　　찬물에 손을 담갔더니 시려서 견딜 수가 없었다.
　　　　가슴 시린 이별의 아픔을 겪었다.

상황   언제?

한겨울 찬물에 손을 담갔을 때. 믿었던 사람에게서 깊은 배신을 당했을 때. 사랑하는 사람을 잃은 슬픔이 가슴을 후벼 파는 듯할 때. 돌아갈 곳 없는 막막한 현실을 마주했을 때.

누구에게?

나의 몸(손, 발, 이)이나 마음 가장 깊은 곳의 통증에게. 혹은, 나에게 그 고통을 안겨준 잊을 수 없는 기억이나 상처에게.

온도    **약 -5.0℃**
차가움을 넘어 아픔(통증)을 유발하는, 살을 에는 듯한 영하의 온도. 맨손으로 얼음을 쥐고 있을 때처럼, 감각이 마비되고 뼛속까지 파고드는 고통스러운 '냉기'이다.

'냉기'의 단어들을 살피다 보면, 저는 '시리다'라는 말이 유독 뼛속까지 파고드는 고통의 온도에 맞닿아 있음을 느낍니다. '쓸쓸하다'가 관계의 틈새에서 느껴지는 허전함이고, '쌀쌀맞다'가 상처받지 않기 위한 의도적인 방어라면, '시리다'는 그 모든 방어에 실패하고 날카로운 상처가 뼛속까지 파고든 통증 그 자체입니다. 이 단어는 '차가워서 아프다'는 원초적인 신체 감각을, 어떻게든 피하고 싶은 마음의 영역으로 고스란히 확장시킵니다. 겨울바람에 맨살이 노출되었을 때의 그 아픔처럼, 이 감정은 위로가 아닌 고통을 직접적으로 전달합니다.

　중학교 교실에서 '시리다'는 단어를 직접 입에 올리는 아이들은 거의 없습니다. 이 단어는 너무 깊고 무거우며 아파서, 아이들이 자신의 감정이라고 인정하고 표현하기에는 너무 벅찬 단어일지 모릅니다. 그리고 그것은 자신의 나약함을 완전히 인정하는 말이기도 합니다. 그래서 아이들은 가슴이 시리다고 말하는 대신, 전혀 다른 방식의 언어를 선택합니다. "짜증 난다", "화난다", "다 싫다"와 같은 '열기'의 언어로 그 고통을 덮어버리려 합니다. 차가운 통증을 뜨거운 분노로 애써 바꾸어 발산하는 것입니다. 혹은, 그조차 할 힘이 없을 때, 아이들은 아무 말도 하지 않는 깊은 침묵을 택합니다.

하지만 그 의도적인 소란이나 부자연스러운 침묵 속에서, 저는 오히려 아이들의 시린 마음을 봅니다. 얼마 전, 저희 반에서 유난히 밝고 누구에게나 긍정적인 기운을 주던 아이가 있었습니다. 늘 웃음소리가 컸고, 친구들에게 먼저 다가가던 아이였습니다. 그런데 어느 날부터 그 아이가 웃음을 잃었습니다. 교실 구석 자리에 앉아, 멍하니 창밖만 바라보고 있었습니다. 좋아하던 급식도 먹지 않고, 쉬는 시간에도 그 누구와 이야기하려 하지 않았습니다. 그 모습은 마치 얇은 유리막 안에 스스로를 가둔 듯 보였습니다.

나중에야 다른 아이를 통해, 그 아이가 아주 어릴 적부터 가족처럼 아끼던 반려동물을 잃었다는 것을 알게 되었습니다. 어른들은 "괜찮아, 다 그런 거야", "시간이 지나면 다 잊혀"라고 쉽게 위로의 말을 건넸습니다. 하지만 아이에게는 그것이 세상이 무너지는 듯한, 난생처음 겪는 거대한 상실이었습니다. 그 어떤 말로도 채워지지 않는 구멍이 생긴 것입니다. 아이가 텅 빈 눈으로 허공을 보던 그 표정, 그 생기 잃은 얼굴빛, 그것이 바로 가슴이 시리다는 것의 본래 얼굴이었습니다.

'시리다'는 것은 감각의 마비 상태와 가깝습니다. 너무 차가운 것에 오래 닿으면 오히려 뜨겁게 느껴지듯, 너무 큰 고통은 슬픔이나 분노 같은 구체적인 감정의 형태로 느껴지지 않습니다. 그 모든 감각을 넘어서서, 그저 시린 통증과 무감각으로 남습니다. 마음이 스스로를 보호하기 위해 감정의 회로를 잠시 끊어버린 것입니다. 아이들이 정말 큰 상처를 입었을 때, 차라리 울거나 화를 내는 것이 아니라 오히려 아무렇지 않은 척, 멍한 표정을 짓는 것이 바로 그 때문입니다.

국어교사로서 저는 이토록 시린 감정을 마주할 때, 어떤 말을 건네야 할지 매일 고민합니다. 섣부른 온기는 오히려 시린 상처를 덧나게 할 수 있습니다. 차가운 얼음이 닿아 감각이 없어진 피부에 뜨거운 물을 바로 부으면, 조직이 더 크게 손상되는 것과 같은 이치입니다. 시린 마음에는 뜨거운 격려나 성급한 위로가 아니라, 그저 가만히 곁을 지켜주는 미지근한 공감, 혹은 그 아픔을 있는 그대로 받아들여 주는 같은 냉기의 언어가 필요할지 모릅니다. "그래, 그건 정말 시린 일이었겠구나"라고, 그 고통의 온도를 바꾸려 하지 않고 그대로 인정해주는 것 말입니다.

'시리다'는 감각을 겪지 않고 자라면 더할 나위 없이 좋겠지만, 안타깝게도 삶은 그렇지 않다는 것을 압니다. 우리는 모두 살면서 몇 번쯤은 마음이 얼어붙는 듯 시린 순간을 통과해야 합니다. 그것은 누구도 피할 수 없는 삶의 한 조각입니다.

그렇다면 저는 아이들에게 이것을 말해주고 싶습니다.

"네 마음이 지금 시린 것은, 네가 약하거나 고장 나서가 아니란다. 그것은 네가 그만큼 무언가를 진심으로 아끼고 사랑했다는, 무엇보다 깊고 아픈 증거란다."

그러니 '시리다'는 감정을 외면하거나 억지로 부정할 필요 없습니다. 그것은 피해야 할 대상이 아니라, 우리가 묵묵히 통과해야 할 삶의 한 부분입니다.

그리고 시린 손을 녹이는 것은 결국 다른 사람의 체온이듯, 꽁꽁 얼어붙은 시린 마음을 녹이는 것도 결국은 사람의 온기라는 것을 기억했으면 합니다. 당장이 아닐지라도, 언젠가 그 '시리다'의 고통이 아주 조금씩 옅어지고, 그 자리에 다시 따뜻한 온기가 스며들 수 있도록, 그 냉기의 시간을 견뎌내는 법을 배우기를 응원합니다. 그 시간을 통과하고 나면, 마음은 분명 그 전보다 한 뼘 더 깊어져 있을 것입니다.

당신의 사전에 '시리다'를 기록해 보세요.

Q. 마음을 가장 시리게 했던 기억은 무엇인가요?

Q. 시린 마음을 가진 사람에게 뜨거운 위로가 아닌 어떤 방식의 공감이 필요하다고 생각하나요?

시리다의 쪽단어

차갑다

체감 온도	**약 5.0°C** 시림(-5.0°C)의 고통이 시작되기 직전의, 정상 체온(36.5°C)과 명확히 대비되는 객관적 냉기의 온도. '시림'의 원인.
개념	차갑다는 사물의 온도가 낮은 객관적인 상태를 의미합니다. '뜨겁다'의 정반대편에 있으며, 감정적으로는 '정'이 없는 냉담한 태도를 뜻하기도 합니다.
용례	❶ 차가운 바람이 얼굴을 스쳤다. ❷ 그는 유난히 손발이 차가운 편이다. ❸ 그녀의 차가운 태도에 더 이상 말을 걸 수 없었다.
닻 단어와의 관계	'시리다'는 뼛속까지 파고드는 주관적인 고통을 아우릅니다. '차갑다'는 그 시린 고통을 유발하는 객관적인 원인이자 상태를 말합니다. '시림'은 차가움이 한계를 지나 통증으로 느껴질 때의 감각입니다. 차가운 물에 손을 담그면, 시린 고통을 느낍니다.

시리다의 쪽단어

춥다

체감 온도	**약 0.0°C** 정상 체온(36.5°C)을 유지하려는 몸이 '냉기'에 패배하여, 체온 자체를 빼앗기며 괴로움을 느끼는 방어 실패의 온도.
개념	'춥다'는 기온이 낮아 몸이 괴로움을 느끼는 상태를 말합니다. 몸 전체가 견디기 힘든 서늘함을 느끼는 감각, 혹은 의지할 곳이 없어 마음이 허전한 상태를 비유하기도 합니다.
용례	❶ 옷을 얇게 입었더니, 밤이 되자 몹시 추웠다. ❷ 따뜻한 집이 있다는 것은 추운 겨울밤에 큰 축복이다. ❸ 나는 더위보다 추위를 더 못 참는다.
닻 단어와의 관계	'시리다'는 손끝, 발끝, 뼛속처럼 날카롭게 파고드는 국소적인 통증을 말합니다. 그에 비해 '춥다'는 몸 전체가 기운을 빼앗기는 전신적인 괴로움을 의미합니다. '시리다'가 통증에 가깝다면, '춥다'는 고통에 가깝습니다. 추운 날씨에 손이 시립니다.

시리다의 쪽단어

싸늘하다

체감 온도	**약 -2.0°C** 정상 체온(36.5°C)의 생명이 갑자기 '냉기'로 변할 때의 충격적 온도. '온기'가 급격히 사라진, 죽음이나 충격, 관계의 단절과 맞닿은 '냉기'.
개념	'싸늘하다'는 갑자기 느껴지는 서늘한 기운을 말합니다. 훈훈하던 것이 갑자기 식어버릴 때, 혹은 태도가 매정하고 냉담할 때 사용합니다. '따뜻했던' 것이 '식어버린' 그 변화의 순간을 포착하는 감각입니다.
용례	❶ 그는 이미 싸늘한 시신으로 발견되었다. ❷ 농담 한마디에 분위기가 싸늘하게 식었다. ❸ 그녀는 싸늘한 눈빛으로 나를 바라보았다.
닻 단어와의 관계	'시리다'는 뼛속을 파고드는 물리적이고 지속적인 고통을 아우릅니다. '싸늘하다'는 그와 달리, 심장을 멎게 하는 정서적이고 순간적인 충격을 말합니다. '시리다'가 통증이라면, '싸늘하다'는 그 통증을 유발하는 충격입니다. '싸늘한' 소식에 '가슴이 시립니다'.

시리다의 쪽단어

얼어붙다

체감 온도	**약 -10.0°C** 시림(-5.0°C)을 넘어, 모든 체온(36.5°C)의 활동이 '정지'되고 감각이 마비되어 버린 상태.
개념	얼어붙다는 액체가 몹시 찬 기운으로 딱딱하게 굳어 고체가 되는 현상을 말합니다. 비유적으로는, 감정이나 몸이 극도의 충격이나 공포로 인해 굳어버린 상태를 의미합니다. 아무것도 할 수 없는 정지의 상태입니다.
용례	❶ 강물이 꽁꽁 얼어붙었다. ❷ 그는 너무 놀라, 그 자리에 얼어붙은 듯 서 있었다. ❸ 그녀의 싸늘한 말에, 그의 마음은 차갑게 얼어붙었다.
닻 단어와의 관계	'시리다'는 뼛속을 파고드는 고통의 과정을 아우릅니다. '얼어붙다'는 그 시린 고통이 한계를 지나, 모든 감각과 반응이 마비된 결과이자 상태를 말합니다. 시림이 고통을 느끼는 것이라면, 얼어붙음은 고통마저 느끼지 못하게 된 감각의 마비입니다. 시린 고통에 몸이 '얼어붙습니다'.

낱단어

서운하다
기대했던 온도가 아니었을 때의 미열

의미   기대에 어긋나거나
마음먹은 대로 되지 않아 불만스럽고 섭섭하다.

용례   친구가 내 생일을 잊은 것 같아 서운한 마음이 들었다.
정성껏 준비한 선물을 받고도 별 반응이 없어 서운했다.
"나만 진심이었구나" 하는 생각에 서운함이 밀려왔다.

상황   언제?

내 생일을 유일하게 잊어버린 친한 친구를 볼 때. 내가 정성껏 준비한 선물을 상대가 별 반응 없이 받을 때. 힘든 일이 있어 털어놓았는데, 공감 대신 "원래 다 그런 거야"라는 조언을 들었을 때.

누구에게?

내가 기대했던 만큼의 '온기'를 돌려주지 않는 '그 사람'에게. 혹은, 당연히 나를 알아줄 것이라 믿었던 나의 가까운 관계에게.

온도    약 25.0℃
따뜻한 온기를 기대하고 손을 내밀었는데, 막상 닿은 것은 그보다 한참 낮은 온도. 아프진 않지만, 기대했던 열감이 사라진 자리에 남는 허전한 냉기다.

우리말의 감정 어휘 중에는 홀로 완성될 수 없는, 반드시 상대방을 필요로 하는 말들이 있습니다. '서운하다'는 말이 그중에서도 유독 그렇습니다. '쓸쓸하다'가 타인과 분리되어 홀로 남겨진 고독의 냉기이고, '시리다'가 외부의 충격으로 인한 통증의 냉기라면, '서운하다'는 오직 '너'와 '나'라는 관계 안에서만 발생하는 미묘한 냉기입니다.

우리는 길을 지나는 모르는 사람에게 서운함을 느끼지 않습니다. 그들에게는 애초에 기대하는 온기가 없기 때문입니다. 이 단어는 오직 내가 마음의 울타리 안으로 들인 사람, 내가 따뜻할 것이라 믿었던 관계를 향해서만 작동합니다. 상대에게 가졌던 기대라는 땔감이 마땅히 타오르기를 바랐는데, 미처 불붙지 못하고 젖은 채로 남았을 때 피어나는, 차갑고 매캐한 연기 같은 감정입니다. 그 연기는 땔감이 부족해서가 아니라, 기대했던 불이 붙지 않아서 생겨나는 것입니다.

중학교 아이들을 서운함을 특히나 많이 느낍니다. 그들의 세계는 관계가 거의 전부라고 해도 지나친 말이 아닙니다. 어른들은 자신의 정체성을 일, 가정, 취미 등 여러 곳에 나누어 두지만, 아이들에게는 친구라는 존재가 자신의 세계 그 자체일 때가 많습니다. 그들의 행복과 불행, 기쁨과 슬픔은 대부분 이 친구라는 존재에 달려있죠. 그리고 그토록 중요한 관계는, 셀 수 없이 많은 기대라는 기둥 위에 아슬아슬하게 서 있습니다.

"당연히 나를 기다려줄 줄 알았는데", "당연히 내 편을 들어줄 줄 알았는데", "당연히 나에게만 말해줄 줄 알았는데…" 이 당연함은 아이들 사이에 맺어진 보이지 않는 약속입니다. 저는 매일 교실에서 그 당연한 기대가 무너지는 순간을 봅니다. 복도에서 마주친 단짝 친구가, 어제와 다른 표정으로 인사를 받지 않고 그냥 지나갔을 때, 한 아이의 표정은 순식간에 굳어집니다. 방금 전까지 떠들썩했던 얼굴에서 웃음기가 사라집니다. 서운함의 냉기가 그 아이를 덮친 것입니다. 어제까지 뜨겁게 타오르던 '열기'의 관계가, 이 사소해 보이는 서운함 하나로 하룻밤 만에 영하 20도처럼 쌀쌀맞게 얼어붙기도 합니다.

국어 수업을 하며 흥미롭게 지켜보는 부분은, 아이들이 자신의 서운함을 "나 서운해"라고 말로 표현하는 법을 거의 모른다는 점입니다. 그렇게 말하는 것은 너무 유치하거나, 상대에게 매달리는 것처럼 약해 보인다고 생각합니다. 서운함을 인정하는 것은 곧 '내가 너에게 이만큼 기대했다'는 속마음을 들키는 일이기 때문입니다. 대신 아이들은 서운함을 전혀 다른 방식으로 표현합니다. 그것이 바로 쌀쌀맞음입니다.

    교실에서 갑자기 '쌀쌀맞아진' 아이가 있다면, 그 얼어붙은 표면 아래를 들여다볼 필요가 있습니다. 그 쌀쌀맞음은 본래의 성품이 아니라, 서운함이 겉으로 드러난 증상일 때가 많습니다. '나 너한테 서운했어'라는 연약한 속마음을, '나 이제 너한테 관심 없어'라는 차갑고 공격적인 태도로 번역해버리는 것입니다. 서운함이라는 속병이, 쌀쌀맞음이라는 겉병으로 나타나는 셈이죠. 그것은 상처받은 마음을 감추기 위한 서툰 방어입니다.

    '서운하다'는 것은 기대했던 온도가 아니었을 때 느끼는 감각입니다. 나는 적어도 36.5℃의 '온기'를 기대했는데, 상대가 25℃의 미지근함을 돌려주었을 때, 그 '11.5℃'의 온도 차이만큼 내 마음은 서늘해집니다. 그 비어버린 온도의 값만큼, 정확히 서운함을 느끼는 것입니다.

    아이들이 이 서운함을 무조건 피해야 하거나 나쁜 감정으로만 배우지 않기를 바랍니다. 서운함을 느낀다는 것은, 역설적으로 내가 그 관계를 그만큼 소중하게 여기고 있다는 아주 뚜렷한 증거입니다. 아무 기대도 하지 않는 관계, 아무래도 좋은 관계는 편할지 모르나, 결코 뜨겁거나 따뜻할 수 없습니다. 서운함은 그 관계가 나에게 중요하기에 겪는 자연스러운 마음의 반응입니다.

그래서 저는 아이들에게 말해주고 싶습니다.

"서운함을 느꼈을 때, 쌀쌀맞음이라는 차가운 갑옷 뒤에 숨지 마라. 그것은 너와 그 친구 사이에 더 높고 두꺼운 얼음 벽을 쌓을 뿐이다. 그 벽은 너를 지켜주지만, 동시에 너를 가두게 된다. 대신 너의 서운함을 있는 그대로 표현할 용기를 가져라."

"나 어제 네가 그냥 가서 좀 서운했어"라고 말하는 것은, 쌀쌀맞게 상대를 무시하는 것보다 백 배는 더 큰 용기가 필요합니다. 그리고 그 진심을 꺼내놓는 용기만이, 얼어붙은 '냉기'를 다시 따뜻한 '온기'로 바꿀 수 있습니다.

당신의 사전에 '서운하다'를 기록해 보세요.

Q. 최근 누구에게, 어떤 일로 서운함을 느꼈나요?

Q. 서운함을 느낄 때, 그것을 솔직하게 표현하는 편인가요, 아니면 쌀쌀맞은 태도나 침묵으로 대신하나요?

서운하다의 쪽단어

야속하다

체감 온도	**약 0.0°C** '서운함(25.0°C)'을 유발하는 매정함의 온도로, 정상 체온 (36.5°C)의 기대를 '얼음(0.0°C)'으로 되돌려주는, 상대방의 '차가운 마음' 자체.
개념	'야속하다'는 인정이나 동정심이 없이 매우 매정하고 쌀쌀맞은 태도를 의미합니다. 상대방이 나의 기대나 '정'을 무시하고 차갑게 행동할 때, 그 매정함을 탓하며 느끼는 감정입니다.
용례	❶ 어떻게 이럴 수 있냐며 그의 야속한 마음을 원망했다. ❷ 무심하게 돌아선 그가 참 야속하게 느껴졌다. ❸ 야속하게도 비는 그칠 기미가 보이지 않았다.
닻 단어와의 관계	'서운하다'는 기대가 무너진 '나'의 내면의 감정을 말합니다. '야속하다'는 그 서운함을 유발한 상대방의 행동을 향하는 원망의 감정입니다. 서운함이 아쉬움이라면, 야속함은 그 원인을 제공한 매정함입니다. "네가 '야속하게' 굴어서, 내가 '서운하다.'"

서운하다의 쪽단어

토라지다 / 삐치다

체감 온도	**약 30.0°C** 서운함(25.0°C)의 '냉기'를 어린아이처럼 '열을 내며 겉으로 표출하는, 미성숙한 감정의 온도.
개념	'토라지다'는 마음에 들지 않아 뾰로통하게 마음이 꼬인 상태를 말합니다. 섭섭함을 느꼈을 때, 이를 직접 말로 풀지 않고 삐친 태도나 행동으로 드러내는 모습입니다.
용례	❶ 아이는 장난감을 사주지 않자, 금세 토라져서 방으로 들어가 버렸다. ❷ 그는 작은 일에도 잘 토라지는 버릇이 있다. ❸ 그녀가 토라진 이유를 알기 위해 한참을 달래야 했다.
닻 단어와의 관계	'서운하다'는 기대가 무너졌을 때 느끼는 내면의 감정입니다. '토라지다'는 그 서운한 감정을 겉으로 드러내는 행동 중 하나입니다. 서운함이 원인이라면, 토라짐은 그 결과로 나타나는 미성숙한 행동입니다 '서운해서' '토라집니다'.

낱단어

외롭다

세상에 나 혼자뿐인 것 같은 밤

의미 홀로 떨어져 있거나
의지할 곳이 없어 마음이 쓸쓸하고 괴롭다.

용례 명절에 모두가 가족을 만나는데, 홀로 외로운 시간을 보냈다.
그는 수많은 사람들 틈에서 오히려 깊은 외로움을 느꼈다.
나를 이해해주는 사람이 아무도 없다는 생각에 외로워졌다.

상황 언제?

명절에 모두가 가족을 만날 때 나만 홀로 있을 때. 시끄러운 단체 대화방에서 나만 모르는 이야기로 모두가 웃고 있을 때. 나를 이해해주는 사람이 단 한 명도 없다고 느껴질 때.

누구에게?

'우리'라는 집단에서 배제된 '나' 자신에게. 혹은, 따뜻한 온기를 나눌 타인이 절실하게 필요한 나의 마음에게.

온도  **약 2.0°C**
따뜻한 모닥불 밖에 홀로 앉아, 온기가 닿지 않는 등을 시리게 느낄 때의 온도. 함께라는 경계가 사라지고, 세상의 찬 공기에 홀로 노출된 듯한, 관계의 단절이 주는 차가움이다.

'냉기'의 감정들 중에는 그 성격이 뚜렷이 구분되는 두 가지가 있습니다. '쓸쓸하다'는 것은 텅 빈 방 안을 채우는 공기의 무게, 혹은 가을바람에 낙엽이 뒹구는 풍경을 볼 때 느껴지는 분위기와 상황 중심의 허전함입니다. 그것은 때로 사색의 깊이를 더해 주기도 합니다. 반면, '외롭다'는 그보다 훨씬 더 고통스럽고 직접적입니다. 이것은 관계의 완전한 단절에서 오는 고립감 그 자체이며, 존재의 근본적인 추위를 느끼게 합니다.

중학교 교실에서 쓸쓸한 아이는 얼마든지 있을 수 있습니다. 무리와 떨어져 혼자 책 읽기를 좋아하거나, 창밖을 보며 사색에 잠겨 있는 아이는 쓸쓸해 보일 순 있어도, 그 내면은 자신만의 세계로 충만할 수 있습니다. 그것은 스스로 선택한 고요함일 수 있습니다.

하지만 '외로운' 아이는 다릅니다. 외로움은 선택이 아닙니다. 그것은 원치 않는 배제이며, 관계의 울타리 밖으로 밀려난 상태입니다. 교실은 겉으로는 하나의 공간이지만, 실은 수많은 '우리'라는 이름의 섬들로 이루어져 있습니다. 아이들은 그 섬 중 하나에 속하기 위해, 그 온기를 나누기 위해 필사석으로 노력합니다. '외롭다'는 것은, 그 어떤 섬에도 속하지 못하고, 뭍에 닿지 못한 채 차가운 파도에 홀로 떠밀려가는 상태를 의미합니다. 그것은 자신의 의지와 상관없이 겪게 되는 고립입니다.

저는 매일 교실의 풍경 속에서 그 외로움이 남긴 징후를 봅니다. 모둠 활동을 위해 조를 짤 때, 마지막까지 아무에게도 이름이 불리지 못해 머뭇거리며 서 있는 아이의 뒷모습. 시끌벅적한 점심시간, 함께 웃고 떠드는 무리들 사이에서 홀로 앉아 급하게 밥을 먹는 아이의 시선. 혹은, 온라인 속에서는 수백 명의 친구가 연결되어 있지만, 정작 교실에서는 단 한 사람에게도 먼저 말을 걸지 못하는 아이의 굳은 표정. 이 모든 것이 외로움이 보내는 고통스러운 신호입니다.

이 외로움이라는 냉기는 가슴이 시리다고 표현되는 고통과도 깊이 맞닿아 있습니다. 그것은 사회적인 존재로서의 '나'를 부정당하는 듯한 깊은 아픔을 동반합니다. 다른 사람의 온기가 절실히 필요한 사춘기 아이들에게, 외로움은 곧 인기 없음이나 쓸모없음, 심지어 관계의 실패로 직결되곤 합니다. 그래서 아이들은 외로워지는 것을 마치 자신의 가치가 사라지는 것처럼 두려워하며, 그 감정을 감추려 애씁니다.

이 외로움은 과연 어디에서 오는 것일까요? 지금 시

대는 그 어느 때보다 촘촘하게 연결되어 있는 듯 보입니다. 하지만 아이들은 그 어느 때보다 외롭다고 말합니다. 그 이유는 아마도 연결의 방식이 근본적으로 달라졌기 때문일 것입니다.

   살갑게 서로의 체온을 나누고, 때로는 정겹게 촌스러움을 공유하던 '온기' 중심의 관계는 점차 희미해집니다. 그 자리를 좋아요 숫자와 팔로워의 개수로 증명되는, 얇고 차가운 방식의 연결이 대신합니다. 숫자는 늘어나지만, 마음의 허기는 채워지지 않습니다. 외롭다는 것은, 결국 그 차가운 연결 너머에 있는 진짜 온기를 나누고 싶은 내 마음의 신호입니다. '나는 누군가와 깊이 연결되고 싶다', '나는 사랑받고 싶다'는 가장 인간적인 본능의 외침입니다. 외롭다는 감정을 느낄 때, 그것은 내가 비정상이라서가 아니라, 관계를 갈망하는 지극히 정상적이고 건강한 인간이기 때문이라는 것을 깨닫기를 바랍니다.

   그리고 한 걸음 더 나아가, 내 안의 외로움을 정직하게 들여다볼 수 있는 아이는, 타인의 외로움도 볼 수 있습니다. 쓸쓸함이 자기 자신을 돌아보는 성찰의 거울이 된다면, 외로움은 타인을 향한 공감의 시작점이 될 수 있습니다. 교실 구석에서 말 못 할 외로움에 잠겨 있는 친구에게, 쌀쌀맞은 무관심이나 방어적인 시선이 아닌, 살가운 손을 내밀 수 있는 아이.

외로움이라는 사무치는 '냉기'는, 결국 타인이라는 '온기'를 통해서만 녹일 수 있습니다. 외롭다는 것은 결코 혼자서는 해결할 수 없는, 우리가 함께 살아간다는 전제 하에 서로가 풀어야 할 숙제라는 뜻일지도 모릅니다. 그것은 우리가 왜 서로에게 손을 내밀어야 하는지에 대한 근본적인 물음과 같습니다.

당신의 사전에 '외롭다'를 기록해 보세요.

Q. 외로움을 느낄 때, 그것을 쓸쓸함이나 고독과는 어떻게 다르게 받아들이나요?

Q. 외로움을 피하기 위해 억지로 관계에 매달린 적이 있나요?

외롭다의 쪽단어

고독하다

체감 온도	**약 10.0°C** 정상 체온(36.5°C)의 온기가 완전히 배제된, 홀로 있음을 스스로 마주하는 이성적 냉기. 쓸쓸함(15.0°C)보다 차갑고, 외로움(2.0°C)의 감정적 고통보다는 홀로 있는 상태 그 자체에 가까운 온도.
개념	'고독하다'는 홀로 고(孤)와 홀로 독(獨)이 만난 말로, 홀로 떨어져 쓸쓸한 상태를 의미합니다. 홀로 있음 그 자체를 받아들이거나 때로는 선택하는 상태까지 포함하는, 괴로움과는 구별되는 홀로 있음의 상태입니다.
용례	❶ 그는 스스로 고독을 선택하고, 산속으로 들어갔다. ❷ 위대한 사상은 종종 깊은 고독 속에서 탄생한다. ❸ 화려한 무대가 끝난 뒤, 그는 지독한 고독을 느꼈다.
닻 단어와의 관계	'외롭다'는 세상에 나 혼자뿐이라 느끼는 괴로움이자 감정을 아우릅니다. '고독하다'는 외로움과는 결이 다르게, 실제로 홀로 떨어져 있는 상태이자 존재 방식을 포함합니다. 외로움은 고독을 괴롭게 받아들일 때의 감정이며, 고독은 그 홀로 있음을 이성으로 받아들이거나 스스로를 돌아보는 기회로 삼을 수 있는 상태입니다.

외롭다의 쪽단어

홀로

체감 온도	약 5.0°C 외롭다(2.0°C)를 유발하는 객관적인 조건의 온도. 정상 체온 (36.5°C)을 나눌 짝이 없는, 하나라는 차가운 사실 그 자체.
개념	'홀로'는 하나뿐인 상태를 의미합니다. 둘이 아닌 하나의 상태. 짝이나 동무가 없이 혼자 있는 물리적, 혹은 심리적 상태 그 자체를 가리키는 중립적인 단어입니다.
용례	❶ 그는 홀로 먼 길을 떠날 채비를 했다. ❷ 이 세상에 홀로 남겨진 기분이었다. ❸ 나는 시끄러운 모임보다 홀로 있는 시간을 더 좋아한다.
닻 단어와의 관계	'외롭다'는 홀로 있기 때문에 느끼는 고통스러운 감정을 말합니다. '홀로'는 그 감정의 원인이 되는 객관적인 사실이자 상태입니다. '홀로' 있다고 해서 모두 외로운 것은 아니지만 (고독을 즐길 수도 있음), 외로움이라는 감정은 '홀로'리는 상태에서 싹트기 쉽습니다. 외로움의 필요조건입니다.

낱단어

휑하다
모든 것이 떠나간 뒤의 바람 소리

의미 속이 텅 비어 아무것도 없이 넓다.
또는, 막힘없이 훤하게 트여 있다.

용례 이사를 가고 난 뒤, 가구가 모두 빠져나간 방이 휑했다
아이들이 모두 집으로 돌아간 운동장은 휑하기 그지없었다.
겨울 들판의 휑한 바람 소리가 귓가를 스쳤다.

상황 언제?

이사 간 뒤 텅 빈 집을 볼 때. 축제가 끝나고 아무도 없는 강당에 서 있을 때. 겨울나무의 빈 가지 사이로 바람이 불 때. 머리카락이 많이 빠져 정수리가 비어 보일 때.

누구에게?

텅 빈 방, 빈 운동장, 황량한 들판, 마음이 떠나간 뒤의 빈자리처럼 '있어야 할 것'이 사라진 공간이나 상태에게.

온도  **약 15.0°C**
체온(36.5°C)'이 머물던 자리가 텅 비어, 그 '온기'마저 바람에 실려 떠나간 뒤에 남은 공간의 온도. '시리다'처럼 아프진 않지만, 쓸쓸함보다 더 넓은 공허함의 서늘함이다

텅 빈 공간을 마주할 때, 유독 서늘한 기운을 느낄 때가 있습니다. '냉기'의 단어 중 '쓸쓸하다'가 마음의 틈새로 스며드는 정서적인 바람이라면, '휑하다'는 텅 빈 들판을 가로지르거나, 가구가 모두 빠져나간 방에 들어섰을 때처럼 공간 그 자체가 뿜어내는 바람입니다. 휑함은 비어 있음을 눈으로, 그리고 피부로 직접 확인하는 감각입니다. 그것은 그저 조용한 것이 아니라, 무언가가 빠져나간 뒤의 공허함입니다.

교사라는 직업은 이 휑함을 매일, 그리고 매년 주기적으로 겪는 일입니다. 일과 중의 교실은 언제나 소리로 가득 차 있습니다. 하지만 오후 네 시, 마지막 아이가 인사를 하고 교문을 나선 뒤, 그 교실에 홀로 남을 때, 저는 그 휑함을 깊이 느낍니다.

불과 한 시간 전까지만 해도, 이 공간은 수십 명의 아이들이 뿜어내는 뜨거운 열기와 살가운 장난, 안달하는 목소리로 가득 찼습니다. 그 체온들로 인해 교실은 늘 훈훈하고 살아있는 듯했습니다. 그러나 그 모든 '온기'와 '열기'가 한순간에 빠져나간 교실은, 갑자기 실제보다 훨씬 더 거대하고 치집세 느껴집니다. 그 공기의 변화는 물리적입니다.

이것은 숲속이나 서재에서 느끼는 고요함과는 완전히 다릅니다. 아늑한 고요함이 평화와 '채워짐'의 상태라면, 휑한 고요함은 상실과 비어 있음의 상태입니다. 책상과 의자는 아침과 똑같이 제자리에 있지만, 그곳에 앉아있던 아이들의 체온이 사라진 상태. 있어야 할 것이 없는 자리에서 느껴지는 그 서늘함. 주인을 잃은 사물들이 뿜어내는 듯한 그 기운, 그것이 휑함의 본질입니다.

이 휑함의 기운이 한 해 중 절정에 이르는 것은 매년 2월입니다. 3년 동안 정들었던 3학년 아이들을 졸업시키고 난 뒤, 이제는 주인이 없는 3학년 교실 복도를 걸을 때가 그렇습니다. 복도를 걷는 나의 발걸음 소리가 그 빈 공간을 유난히 크게 울립니다. 교실 문을 열면, 아이들이 미처 떼어가지 않은 빛바랜 이름표가 붙은 사물함, 주인을 잃은 채 먼지가 쌓인 실내화 몇 켤레, 칠판 한구석에 희미하게 남은 낙서가 보입니다. 그 모든 것이 '떠나감'을, 그리고 부재를 선명하게 증명하고, 교실은 휑한 기운으로 가득 찹니다.

아이들을 떠나보내며 느꼈던 시원섭섭함(미온)은 사람

을 향한 복합적인 감정입니다. 그 감정의 소용돌이가 모두 지나간 뒤, 교사는 마지막으로 텅 빈 교실이라는, 공간이 주는 이 휑함을 홀로 마주해야 합니다.

'휑하다'는 것은 그 자체로 서늘한 '냉기'의 감각이지만, 저는 이 감각이 교사에게, 그리고 우리 모두에게 꼭 필요하다고 생각합니다.

그 휑함은 '온기'가 얼마나 소중했는지를 깨닫게 하는 차가운 거울입니다. 그 자리가 이토록 휑하게 느껴지는 까닭은, 그 자리가 한때 얼마나 뜨겁고 따뜻하게 채워져 있었는지를 역설적으로 보여주기 때문입니다. 처음부터 아무것도 없었던 공간을 보며 '휑하다'고 말하지는 않습니다. 휑함은 '가득함'을 겪어본 사람만이 느낄 수 있는, 상실의 아픔이자 동시에 충만했던 기억의 증거입니다.

또한, 휑함은 끝을 의미하는 절망적인 '냉기'가 아닙니다. 그것은 새로운 채움을 기다리는 빈 그릇의 상태입니다. 그릇은 깨끗하게 비워져야만 새로운 것을 온전히 담을 수 있습니다. 2월의 휑한 교실을 묵묵히 견뎌내야, 비로소 3월에 새로운 아이들의 '온기'와 '열기'를 기쁘게 맞이할 수 있습니다. 휑함은 낡은 것을 비워냄으로써 다시 새것을 채울 수 있는, 거대한 순환을 준비하는 서늘하고도 중요한 의식일지 모릅니다. 이 '비워냄'의 시간이 없다면, 새로운 채움의 기쁨도 그만큼 얕을 것입니다.

당신의 사전에 '휑하다'를 기록해 보세요.

Q. 내 마음을 휑하게 만드는 것은 무엇인가요?

Q. 나는 마음의 휑한 빈자리를 무엇으로 채우는 편인가요?

휑하다의 쪽단어

공허하다

체감 온도	**약 15.0°C** 휑한(15.0°C) 풍경이 마음으로 전이된 상태. 정상 체온(36.5°C)을 채워줄 그 어떤 '온기'나 '열기'도 없이, 속이 텅 비어버린 내면의 냉기.
개념	'공허하다'는 텅 비어 허전하다는 뜻으로, 아무것도 없이 텅 비어 허전한 마음 상태를 의미합니다. 삶의 의미나 목표가 사라졌을 때 느끼는, 속이 텅 빈 듯한 허전함입니다.
용례	❶ 목표가 사라지자, 그는 깊은 공허함을 느꼈다. ❷ 화려한 모임이 끝난 뒤, 밀려오는 공허함에 잠을 이루지 못했다. ❸ 그의 웃음 뒤에는 텅 빈 공허함이 숨어 있었다.
닻 단어와의 관계	'휑하다'는 모든 것이 떠나간 뒤의 외부 풍경(시각)을 아우릅니다. '공허하다'는 그 휑한 풍경을 마주한 내면의 마음(감정)을 말합니다. 휑한 방 안에 공허한 마음이 있을 수 있습니다. 휑함이 상태라면, 공허함은 그 상태가 마음에 반영된 결과입니다.

휑하다의 쪽단어

메마르다

체감 온도	**약 10.0°C** 정상 체온(36.5°C)을 유지하는 데 필요한 수분(감정)이 모두 증발해버린, 갈라진 마음의 온도. '냉기'라기보다는, '온기'와 '냉기'를 느낄 감각조차 말라버린 상태.
개념	'메마르다'는 물기나 습기가 없이 바싹 마른 상태, 혹은 감정이나 정서, 인정이 없는 상태를 의미합니다. 모든 감정의 샘이 말라버린 듯, 정서적인 반응이나 인정이 느껴지지 않는 모습입니다.
용례	❶ 오랜 가뭄에 강바닥이 쩍쩍 갈라지며 메말랐다. ❷ 각박한 일상에 사람들의 감정도 메말라 갔다. ❸ 그의 메마른 눈에서는 눈물조차 나오지 않았다.
닻 단어와의 관계	'휑하다'는 모든 것이 떠나간 공간적 비어있음을 아우릅니다. '메마르다'는 그와 결을 같이하며 모든 감정이 말라버린 정서적 비어있음을 뜻합니다. 휑한 공간은 무언가로 다시 채울 수 있지만, 메마른 마음은 감정의 샘 자체기 마른 상태에 가깝습니다.

휑하다의 쪽단어

맥없다

체감 온도	**약 34.0°C** 정상 체온(36.5°C)을 유지할 최소한의 기력마저 상실하여, 체온이 서서히 식어가는 무기력의 온도.
개념	'맥없다'는 '맥', 즉 기력이나 힘이 없다는 뜻으로, 기운이나 의욕이 없이 축 처진 상태를 의미합니다. 어떤 일을 해내려는 의욕이나 기운이 모두 빠져나간 듯한 무기력한 모습입니다.
용례	❶ 그는 큰 병을 앓고 난 뒤, 맥없이 누워만 있었다. ❷ 연이은 실패에, 그는 맥없는 웃음만 지을 뿐이었다. ❸ 아이들은 더위에 지쳐 맥없이 늘어져 있었다.
닻 단어와의 관계	'휑하다'는 쓸쓸함이 느껴지는 정서적인 비어있음을 아우릅니다. '맥없다'는 그 허전함에 무기력까지 더해진 신체적인 처짐을 말합니다. 마음이 휑해지면, 종종 몸도 맥없어집니다. 휑한 마음이 몸으로 드러났을 때의 축 처진 모습입니다.

휑하다의 쪽단어

시들하다

체감 온도	**약 30.0°C** 열기(40°C)로 뜨거웠던 꽃이, 정상 체온(36.5°C)을 거쳐 '냉기'로 식어가는 과정의 온도. '온기'와 '생기'가 서서히 빠져나가는, 죽음에 가까워지는 '냉기'.
개념	'시들하다'는 식물이나 꽃이 생기를 잃고 축 처지는 모습을 말합니다. 비유적으로는, 흥미나 관심이 줄어들어 열의가 없는 상태를 의미합니다.
용례	❶ 물을 주지 않았더니, 꽃이 금세 시들해졌다. ❷ 처음의 열정은 사라지고, 이제는 그 일에 시들해졌다. ❸ 두 사람의 관계가 시들해진 것은 꽤 오래전 일이다.
닻 단어와의 관계	'휑하다'는 모든 것이 떠나간 결과의 상태를 아우릅니다. '시들하다'는 그 휑한 상태에 이르는 과정을 묘사합니다. 즉, 열이나 관심이 '시들해져서', 그 자리가 '휑해진' 것입니다. 휑함이 텅 빈 공간이라면, '시들함'은 그 공간에서 '생기'를 잃어가는 모습입니다.

4부

미온

이름 붙이기
어려운 복잡한
마음의 결

닻단어

시원섭섭하다
웃음과 울음이 동시에 터져 나오는 날

의미 어떤 일이 끝났을 때,
마음이 시원하면서도 한편으로는 섭섭한 느낌이 있다.

용례 길고 힘들었던 시험이 끝나니 마음이 시원섭섭하다.
마지막 근무를 마치고 회사를 나서는 발걸음이 시원섭섭했다.
아이를 멀리 유학 보내는 부모의 마음은 시원섭섭함 그 자체였다.

상황 언제?

길고 길었던 시험이 드디어 끝나는 종이 울릴 때. 오랫동안 준비한 학교 축제가 끝나고 무대 조명이 꺼질 때. 밉지만 정이 많이 들었던 친구가 전학을 가는 날.

누구에게?

나를 힘들게 했지만, 동시에 나의 많은 시간을 함께해 준 '그 일', '그 시간', '그 사람'을 떠나보내는 '나' 자신에게.

온도  약 30.0℃ (시원함) / 약 38.0℃ (섭섭함)
뜨거운 탕에 오래 있다가 나왔을 때의 시원함(약 30℃)과, 그 온기를 두고 나오는 아쉬운 열감(약 38℃)이 동시에 느껴지는 온도. 하나의 감정으로 설명할 수 없는, 차가움과 뜨거움이 공존하는 복합적인 상태다.

모든 것이 끝나는 순간, 우리는 종종 두 가지 마음을 동시에 갖게 됩니다. 하나는 드디어 끝났다는 안도감이고, 다른 하나는 다시는 돌아오지 않는다는 아쉬움입니다. 우리말은 이처럼 모순적인 감정의 결을 아주 정확하게 포착해내는 힘을 가졌습니다. '시원섭섭하다'는 단어는 그 정점에 있습니다. '시원하다(냉기)'라는 차가운 해방감과, '섭섭하다(온기 혹은 열기)'라는 따뜻한 아쉬움이 만나, 하나의 단일하고도 복합적인 마음 상태를 이룹니다. 이것은 활활 타오르던 불이 완벽하게 꺼진 뒤, 그을음 속에 아직 남은 온기와 차가운 재가 서늘한 바람에 흩날리는 풍경을 동시에 보는 듯한, 아주 오묘한 감각입니다.

우리 모두는 학창시절, 이러한 시원섭섭함을 경험하고는 했습니다. 특히 1년 중 이 감정이 교실 공기 중에 가장 짙게 피어오르는 날, 바로 졸업식이 다가올 때입니다. 아이들은 이 두 가지 마음을 좀처럼 숨기지 못합니다. "아, 빨리 졸업하고 싶다! 이 학교 지겨워!"라고 외치는 목소리에는, 매일 반복되는 규칙과 억압으로부터 벗어나고 싶은 시원함이 가득합니다. 하지만 그 말을 한 아이는 으레 "근데 졸업하면 맨날 보던 애들이랑 헤어지는 건 좀 슬플 것 같아"라고 덧붙입니다. 그 섭섭함은 매일 얼굴을 맞대고 지지고 볶던 친구들과의 정겨움을 잃고 싶지 않은 순수한 마음입니다.

아이들에게 지난 3년의 학교는 감옥처럼 답답하고 숙제처럼 지겨운, 당장이라도 벗어나고 싶은 냉기의 공간이었습니다. 동시에, 그 안에서 친구들과의 뜨거운 우정을 나누고, 다시는 돌아오지 않을 정겨운 추억을 쌓아 올린 온기의 공간이기도 했습니다. 시원섭섭하다는 것은, 그토록 극단적인 '냉기'와 '온기'가 격렬하게 공존했던 지난 시간을 한꺼번에 떠나보내야 할 때 느끼는, 지극히 당연하고 인간적인 감정입니다. 그 시간 전체를 긍정하지도, 부정하지도 못하는 솔직한 마음입니다.

졸업식 당일, 그 감정은 최고조에 달합니다. 식순에 따라 교가를 부를 때까지만 해도, 아이들은 실없는 장난을 치며 웃기 바쁩니다. 끝이라는 사실이 아직 피부로 와닿지 않는 것입니다. 하지만 이내 졸업식 노래가 낮은 음으로 강당에 울려 퍼지고, 3년 내내 마주했던 선생님들이 마지막 인사를 건넬 때면, 분위기는 순간적으로 달라집니다. 교실에서 가장 쌀쌀맞던 아이, 가장 뜨겁게 말썽을 피우던 아이의 눈시울이 가장 먼저 붉어집니다. 아마도 그 아이들이 가장 격렬하게 이 공간을 겪어냈기 때문일 겁니다. 그 열기 가득했던 시간과 드디어 작별하는 것이 시원하면서도, 다시는 돌아오지 못할 그 유치함과 소란스러움이 못 견디게 섭섭한 것입니다.

저 역시 매년 2월이면 이 시원섭섭함을 누구보다 크게 앓습니다. 1년 내내 제 속을 그토록 썩이던 아이들, 제발 빨리 졸업하라고 속으로 수없이 되뇌었던 그 말썽꾸러기들이 드디어 교문을 나서는 날입니다. "아, 드디어 끝났다!"하는 시원함이 가장 먼저 밀려옵니다. 한동안은 교무실에 찾아올 평화, 그 달콤한 안도감입니다.

하지만 바로 그 순간, 모든 행사가 끝나고 텅 빈 교실에 홀로 남아, 아이들의 이름표가 모두 사라진 사물함을 볼 때면, 어김없이 섭섭함의 미열이 목구멍까지 차오릅니다. 교복을 삐딱하게 입고 복도를 먼지 나게 뛰어다니던 모습, 수업 시간에 꾸벅꾸벅 졸다가도 엉뚱한 농담 한마디에 교실이 떠나가라 까르르 웃던 모습, 축제 때 누구보다 뜨겁게 땀 흘리며 무대를 준비하던 그 진지한 얼굴들.

그 모든 열기와 온기가 이제는 추억이나 과거라는 이름으로 박제된다는 사실에 마음 한편이 아려옵니다. 그렇게 시끄럽게만 들렸던 그 소음이, 사실은 살아있음의 정겨움이었음을 뒤늦게 깨닫는 것입니다.

이 시원섭섭함은 어쩌면 우리가 어떤 일을, 어떤 관계를 진심으로 통과했다는 증거일지 모릅니다.

만약 시원하기만 하다면, 그것은 나에게 아무 의미 없는, 그저 빨리 벗어버리고 싶은 무거운 짐이었을 뿐입니다. 그 시간 속에는 나의 마음이 담기지 않았던 것입니다. 만약 섭섭하기만 하다면, 그것은 아직 내가 그 일에 미련이 남아, 제대로 끝맺지 못했다는 뜻일 겁니다. 무언가 아쉬움이 남아 발걸음을 붙잡는 것입니다.

시원섭섭하다는 것은, 내가 그 시간을 충분히 뜨겁게 겪어냈기에 후련하게 놓아줄 수 있고, 동시에 그만큼 뜨거웠기에 차마 발걸음이 쉽게 떨어지지 않는 복합적인 마음의 온도입니다. 힘들었기에 벗어나고 싶은 마음(냉기)과, 진심이었기에 그리워지는 마음(온기)이 정확히 교차하는 지점입니다.

당신의 사전에 '시원섭섭하다'를 기록해 보세요.

Q. 삶에서 가장 시원섭섭했던 순간은 언제였나요? 그때 시원함과 섭섭함의 비율은 각각 몇 퍼센트였나요?

Q. 무언가를 끝낼 때, 시원함만 느끼는 편인가요, 아니면 시원섭섭함을 느끼는 편인가요?

시원섭섭하다의 쪽단어

만감

체감 온도	**약 25°C ~ 38°C** '아쉬움(온기)'처럼, 서로 다른 온도의 감정이 정상 체온(36.5°C)의 마음 안에서 뒤섞여, 하나의 온도로 규정할 수 없는 복합적인 미열의 상태.
개념	'만감'은 일만 가지 느낌이라는 뜻입니다. 여러 가지 복잡한 감정이 한꺼번에 일어나는 마음 상태를 말합니다. 기쁨, 슬픔, 안도, 아쉬움 등이 뒤섞여 한마디로 표현하기 어려운 감정의 소용돌이입니다.
용례	❶ 졸업식 날, 그는 만감이 교차하는 표정을 지었다. ❷ 오랜만에 고향을 찾은 그의 마음속에 만감이 스쳐 지나갔다. ❸ 수상 소감에서 그는 만감이 교차하는 듯 말을 잇지 못했다.
닻 단어와의 관계	'시원섭섭하다'는 안도(냉기)와 아쉬움(온기)이 뒤섞인 미온의 감정입니다. 만감은 이처럼 시원섭섭함을 포함하여, 두 가지 이상의 상반된 감정이 한데 섞여 뭐라 말할 수 없는 복잡한 상태 그 자체를 말합니다. 시원섭섭함은 만감이 교차하는 구체적인 한 형태입니다.

시원섭섭하다의 쪽단어

후련하다 / 개운하다

체감 온도	**약 30.0°C** 오랫동안 앓던 '열병(40°C+)'이 드디어 끝나고, 정상 체온(36.5°C) 아래로 기분 좋게 안정되며, 짐을 내려놓은 듯한 안도의 서늘함.
개념	후련하다는 마음에 맺혔던 것이 풀려 거뜬하고 개운한 상태를 말합니다. 무거운 짐을 내려놓거나, 답답했던 일이 해결되었을 때 느끼는 가벼움입니다.
용례	❶ 그에게 모든 사실을 털어놓고 나니 마음이 후련했다. ❷ 골치 아팠던 일이 드디어 끝나서 후련하다. ❸ 울고 싶은 만큼 울고 나니 오히려 후련해졌다.
닻 단어와의 관계	'시원섭섭하다'는 안도감(냉기)과 아쉬움(온기)이 공존하는 복합 감정입니다. '후련하다'는 그중 안도감(시원함)이라는 '냉기'의 측면을 맡습니다. "드디어 끝났다"는 그 후련한 마음이 시원섭섭함의 한 축을 이룹니다.

낱단어

아쉽다
'조금만 더' 하는 마음에 대하여

의미 마음에 차지 않거나 미련이 남아
섭섭하고 안타까운 느낌이 있다.

용례 최선을 다했지만 1점 차이로 시험에 떨어져 아쉬웠다.
즐거웠던 여행이 너무 빨리 끝나서 아쉬운 마음이 들었다.
실력 발휘를 다 못하고 경기에 져서 아쉽다.

상황 언제?

최선을 다했지만 1점 차이로 시험에 떨어졌을 때. 즐거웠던 축제나 여행이 너무 빨리 끝나버렸다고 느낄 때. 친구와 한창 재미있게 이야기하는데 헤어져야 할 시간이 되었을 때.

누구에게?

나의 기대에 1%쯤 미치지 못한 그 결과에게.
혹은, 너무 빨리 지나가 버린 그 시간에게.

온도  **약 32.0°C**

기대했던 온기(36.5°C)에 미치지 못하는, 그 부족함에서 오는 서늘한 '미온'. '시리다(냉기)'처럼 아프진 않지만, 충분하지 못함에서 오는 허전함의 온도다.

때로는 우리가 가진 열기가 현실의 벽에 부딪혀 온전한 결실을 보지 못할 때가 있습니다. 덤덤하다가 모든 결과를 받아들인 중립의 미온이라면, 아쉽다는 그 결과에 완전히 승복하지 못하고 조금만 더를 외치는, 미련에 가까운 감정입니다. 이것은 채워지지 않은 부족함에서 오는 서늘한 미온이며, 열기의 문턱에서 멈춰 선 상태입니다.

중학교 교실은 이러한 아쉬움의 연속이라 해도 과언이 아닙니다. 아이들의 삶은 늘 완벽한 만족보다는 2퍼센트 부족한 상태에 머무를 때가 많습니다. 친구들과 가장 즐겁게 이야기 나누는 순간, 쉬는 시간은 언제나 아쉽게 짧습니다. 밤새워 공부한 시험 점수는 늘 아쉽게 목표에 한두 걸음 미치지 못하며, 그토록 기다렸던 소풍 날의 즐거운 시간은 늘 아쉽게 끝나버립니다. 모든 것이 조금만 더 이어지기를 바라는 마음, 그것이 아이들의 일상을 채우는 아쉬움입니다.

저는 매일 교실에서 이 아쉬움이 피어나는 순간들을 봅니다. 일 년 중 가장 뜨거운 행사인 체육 대회가 끝난 날, 간발의 차이로 우승을 놓친 반 아이들은 뜨거운 운동장에 주저앉아 땀과 눈물을 쏟아냅니다. 그들은 "진짜 '아쉽다'", "조금만 더 잘할 수 있었는데...", "그때 내가 실수만 안 했어도..."라며 말을 잇지 못합니다.

그 순간 아이들이 느끼는 아쉬움은, 모든 것을 잃은 듯한 슬픔(냉기)이나 부당함에 대한 분노(열기)와는 다릅니다. 그것은 최선을 다했지만 결과가 아주 미세한 차이로 따라주지 않은, 그 좁은 틈에서 오는 미지근한 고통입니다. 그 고통은 날카롭지는 않지만 묵직하게 마음을 누릅니다.

국어 수업 시간에 아이들에게 자신의 생각을 담은 글을 쓰게 하고, 그것을 발표시킬 때가 있습니다. 평소 수줍음이 많아 목소리조차 듣기 힘들었던 한 아이가, 그날따라 큰 용기를 내어 자기 글을 읽기 시작했습니다. 또박또박 자신의 이야기를 펼쳐나가던 아이의 목소리가 점점 자신감을 찾아갈 무렵, 안타깝게도 수업 종료를 알리는 종이 울렸습니다. 아이는 가장 중요하게 하고 싶었던 마지막 문장을 읽지 못하고 발표를 끝내야 했습니다. 아이는 "아..." 하는 낮은 탄식과 함께, 미처 다 보여주지 못한 원고를 든 채 자리로 돌아갔습니다.

그때 그 아이의 표정. 그것이 바로 아쉽다의 얼굴입니다. 자신의 열기를 내어 무언가를 용기 있게 시도했지만, 시간이나 상황이라는 외부의 힘에 의해 그것을 온전히 다

꽃피우지 못한 마음. 하지만 이 아쉬움은 아이를 주저앉히는 냉기가 아닙니다. 그것은 "다음번에는 기필코 다 마치고야 말겠다"는 다짐을 심어주는, 아이를 성장하게 하는 미온의 강력한 연료가 됩니다.

어른들은 종종 아쉬움을 패배나 실패와 동일시하곤 합니다. "아쉬워하지 마", "끝난 일이야, 잊어버려"라며 그 미지근한 감정을 서둘러 덮어버리라고 조언합니다. 마치 아쉬워하는 모습 자체가 쿨하지 못하거나 패배를 인정하지 못하는 미성숙한 태도인 것처럼 말입니다.

하지만 저는 아쉽다는 감정을 다르게 봅니다. 아쉽다는 것은 실패의 동의어가 아니기 때문입니다. 아쉬움을 느낀다는 것은 그저 내가 그만큼 그 일에 진심이었고 그것을 이루기 위해 최선을 다했다는 뜻입니다. 아무런 노력도 하지 않은 아이는 결과가 나빠도 결코 아쉬워하지 않습니다. 그저 덤덤하거나, "그럴 줄 알았다"고 미지근하게 체념할 뿐입니다. 아쉬움은 최선을 다한 사람만이 가질 수 있는 값진 감정입니다.

아쉬움은 비록 열기에 온전히 미치지 못한 미온의 상태이지만, 다음의 열기를 예고하는 뜨거운 미온입니다. 아쉽다는 것은 "여기서 끝내지 않겠다", "다음에는 기필코 해내겠다"는 다짐의 다른 이름입니다. 그 미지근함 속에는 다음번의 폭발을 위한 응축된 에너지가 담겨 있습니다. 그러니 아쉬움에 주저앉아 자신을 탓하는 것이 아니라, 그 미지근한 온도를 땔감 삼아 다음의 열정을 더 뜨겁게 불태울 수 있기를 바랍니다.

당신의 사전에 '아쉽다'를 기록해 보세요.

Q. 최근 아쉽다고 느꼈던 순간은 언제인가요?

Q. 그 아쉬움은 나의 어떤 열정이나 진심을 보여주나요?

아쉽다의 쪽단어

허전하다

체감 온도	**약 30.0°C** 온기(36.5°C)가 있어야 할 자리가 텅 비어, 체온보다 현저히 낮게 느껴지는 빈 공간의 서늘한 온도. 아쉬움이 남긴, 텅 빈 마음의 감각.
개념	'허전하다'는 텅 비어 허하다는 뜻으로, 채워져야 할 것이 없어 텅 빈 듯한 느낌을 의미합니다. 곁에 있어야 할 사람이 없거나, 마음에 기대던 것이 사라졌을 때 느끼는, 속이 빈 듯한 감각입니다.
용례	❶ 친구가 떠나고 나니, 마음 한구석이 텅 빈 듯 허전했다. ❷ 목표를 이루었지만, 기쁨 대신 허전함이 밀려왔다. ❸ 방 안이 너무 넓어서 어딘가 허전해 보였다.
닻 단어와의 관계	'아쉽다'는 "조금만 더"를 바라는 미련의 감정을 아우릅니다. '허전하다'는 그 아쉬움으로 인해 텅 비어버린 빈자리 자체를 감각하는 상태를 말합니다. '아쉽다'고 느끼는 마음은 허전함을 동반합니다. 아쉬움이 미련의 감정이라면, 허전함은 그 감정이 느껴지는 마음의 공간입니다.

아쉽다의 쪽단어

모자라다 / 부족하다

체감 온도	**약 32.0°C** '아쉽다'의 온도와 동일하다. 기대했던 온기(36.5°C)에 미치지 못하는(모자라는) 그 부족함 자체의 서늘한 미온. 아쉬움의 객관적인 원인.
개념	'모자라다'는 기대나 기준에 미치지 못하는 부족한 상태를 의미합니다. 어떤 정해진 양이나 수준에 닿지 못했음을 나타내는 사실입니다.
용례	❶ 1점이 모자라서 시험에 떨어졌다. ❷ 나는 아직 실력이 모자라다는 것을 안다. ❸ 그의 설명은 무언가 설득력이 모자랐다.
닻 단어와의 관계	'아쉽다'는 부족함 때문에 느끼는 주관적인 감정을 아우릅니다. '모자라다'는 그 아쉬움을 유발하는 객관적인 상태이자 사실을 말합니다. 즉, 무언가가 모자라기 때문에 우리는 아쉬워합니다. '아쉽다'가 감정이라면, '모자라다'는 그 감성의 원인입니다.

닻단어

애틋하다

안쓰러움이라는 서늘함과 사랑스러움이라는 온기

의미 섭섭하고 안타까워 마음이 아프고 쓰리다.
몹시 정답고 사랑스러워 마음이 끌리다.

용례 서툰 걸음마를 떼는 아이를 바라보는 부모의 눈빛이 애틋했다.
부모님의 애틋한 사랑 덕분에 어려운 시절을 견딜 수 있었다.
헤어진 첫사랑에 대한 애틋함이 마음 한구석에 남아 있다.

상황 언제?

서툰 줄 알면서도 무언가를 열심히 해보려는 아이의 뒷모습을 볼 때. 부모님이 다 괜찮다고 웃으시지만, 그 얼굴에 스민 주름살을 문득 발견했을 때.

누구에게?

나의 도움이 필요해 보이지만(안쓰러움), 동시에 너무나 소중하고 사랑스러운(다정함) 존재에게. 혹은,

온도  약 36.0℃ (안쓰러움) / 약 37.0℃ (사랑스러움)
가여워서 마음이 살짝 안쓰러워졌다가도, 그 모습이 너무나 사랑스러워 다시 마음이 따뜻해지는, 체온 언저리를 오가는 미묘한 온도. 안타까움과 다정함이 섞여, 슬픔도 기쁨도 아닌 경계선에 머무는 마음이다.

우리말에는 두 개의 상반된 감정이 한데 녹아들어, 어느 하나를 떼어낼 수 없게 된 아주 특별한 표현들이 있습니다. '애틋하다'는 그중에서도 매우 귀하고 높은 수준의 감정을 담고 있습니다. '시원섭섭하다' 같은 말이 시원함(냉기)과 섭섭함(온기)이라는 두 감정이 단순히 나란히 서 있는 공존의 상태를 그린다면, '애틋하다'는 안쓰러움(냉기)이 곧 사랑스러움(온기)이 되고, 사랑스러움(온기)이 곧 안쓰러움(냉기)이 되는, 두 감정이 완벽하게 하나로 융합된 상태를 말합니다. 어느 한쪽이 더 강한 것이 아니라, 그 둘이 합쳐져 전혀 새로운 제3의 온도를 만들어냅니다.

중학교 교실의 공기 속에서 이 애틋함을 발견하기란 좀처럼 쉽지 않습니다. 아이들의 감정은 아직 여과되지 않은 채로, 대부분 뜨겁거나 차갑게 명확히 나뉘는 경향이 큽니다. 좋으면 온몸으로 '열기'를 뿜어내고, 싫으면 얼음장처럼 '냉기'를 드러냅니다. 감정을 조절하거나 복합적인 시선으로 상대를 바라보는 일은 아직 서툽니다. 애틋함은 이러한 이분법적인 감정의 구도를 넘어서야 비로소 싹트는, 한층 더 성숙한 마음의 작용입니다.

하지만 아주 가끔, 저는 아이들의 꾸밈없는 관계 속에서 이 애틋함의 원형을 발견하곤 합니다. 다리를 다쳐 집스를 한 아이가 있었습니다. 처음 며칠 동안은 교실의 열기가 그 아이에게 쏠렸습니다. 많은 친구들이 앞다투어 그 아이를 도와주더군요. 가방을 들어주고, 조심스레 부축을 했습니다. 하지만 그런 관심과 호의는 시간이 지나자 금세 식었습니다. 사람들의 관심은 본래 그렇게 뜨겁게 왔다가 차갑게 식곤 합니다.

오직 한 아이만이, 그 모든 관심이 사라진 뒤에도, 매일 점심시간마다 깁스를 한 친구를 묵묵히 기다렸습니다. 그리고는 그 친구의 느린 보폭에 맞추어 함께 밥을 먹으러 갔습니다. 그 꾸준함이 눈에 띄어 한번은 그 아이에게 물었습니다.

"매번 기다리면 힘들지 않아? 그냥 먼저 가도 되는데."

칭찬받는 것이 쑥스러운 듯, 아이는 잠시 머뭇거리더니 퉁명스러운 척 이렇게 말했습니다.

"아니요... 혼자 절뚝거리는 거 보면 좀 그렇잖아요."

그 '좀 그렇잖아요'라는, 서툴고 투박하게만 들리는 말속에, 저는 애틋함의 싹이 자라고 있음을 보았습니다. 그 말에는 여러 겹의 마음이 담겨 있었습니다. 친구가 다리를 저는 모습, 남들보다 뒤처지는 그 모습이 안쓰럽고

(냉기) 마음이 쓰였을 겁니다. 동시에, 그럼에도 불구하고 매일 씩씩하게 학교에 나와 자신의 몫을 해내려는 그 친구의 모습이 기특하고 소중하게(온기) 느껴지는 마음. 그 둘이 분리되지 않고 하나로 뭉쳐진 감정, 그것이 바로 '애틋하다'입니다.

  이 애틋함은 동정이나 연민과는 뚜렷이 구별됩니다. 동정이 상대를 나보다 낮은 곳에 두는 마음이라면, 연민은 그 아픔에 그저 함께 아파하는 감각입니다. 하지만 애틋함은 너의 아픔을 내가 안다는 깊은 공감에서 출발하여, 그 아픔에도 불구하고, 아니 그 아픔 때문에 너는 더욱 소중한 존재라는 따뜻한 애정으로 완성됩니다. 그것은 상대를 대상화하지 않고, 그 사람의 빛과 그늘을 모두 끌어안는, 훨씬 더 성숙한 사랑의 방식입니다.

  이러한 감정은 모든 것이 완벽한 행복 속에서는 피어나기 어렵습니다. 대상이 지닌 결핍이나 연약함, 혹은 언젠가 사라질지 모른다는 유한함을 볼 때 싹트는 감정이기 때문입니다. 문학 속에서, 특히 고전 시가를 가르치다 보면, 임을 향한 화자의 마음은 대부분 이 애틋함으로 가득 차 있습니다. 왜 그들은 그토록 애틋했을까요? 그것은 그들의 사랑이 불완전하고 보장되지 못했기 때문일 겁니다.

언제 헤어질지 모르고, 지금 당장 함께하지 못하며, 상대가 나를 잊을까 봐 안타까워하는(냉기) 그 마음. 바로 그 마음 위에서, 그럼에도 불구하고 변치 않는 그리움을 보내는(온기) 것입니다. 이별의 '냉기'가 사랑의 '온기'를 꺼뜨리는 것이 아니라, 오히려 그 '온기'를 더욱 절절하게 만드는 연료가 됩니다.

그래서 우리는 모든 것이 완벽한 현재의 관계보다, 서툴고 어설펐던 첫사랑에게 애틋함을 느낍니다. 그 사랑이 서툴렀고(결핍), 결국 이루어지지 못했기에(유한함) 더욱 그렇습니다. 또한 언제나 강할 것만 같았던 부모님이 세월 앞에 약해지신 뒷모습을 볼 때, 우리는 그 연약함에 마음이 쓰이며 애틋함을 느낍니다. 그 약함이, 우리가 받았던 강한 사랑을 더욱 귀하게 만듭니다.

뜨거움은 상대를 소유하려 하거나 자신의 감정에 몰두하기 쉽습니다. 하지만 애틋함은 상대의 아픔을 먼저 보듬으려 합니다. 그것은 나를 내세우는 사랑이 아니라, 상대를 존재 자체로 귀하게 여기는 마음입니다. 애틋함을 아는 아이는, 친구의 약점이나 결함을 발견했을 때 그것을 비웃거나 이용하는 대신, 그 약점을 조용히 감싸 안아줄 줄 압니다. 애틋함은 '열기'보다 조용하고 겉으로 드러나지 않습니다. 하지만 그 온도는 어떤 풍파에도 쉽게 식지 않는, 아주 깊고 오래가는 사랑의 진짜 온도입니다.

당신의 사전에 '애틋하다'를 기록해 보세요.

Q. 지금 가장 애틋하게 느끼는 대상은 누구(혹은 무엇)인가요??

Q. 그 대상을 생각할 때, 안쓰러움과 사랑스러움 중 어떤 감정이 더 크게 느껴지나요?

애틋하다의 쪽단어

아련하다

체감 온도	**약 36.0°C** 애틋함의 대상이 현재가 아닌 과거일 때, 정상 체온(36.5°C)에서 살짝 식어버린 기억의 온도. 선명하지 않기에 오히려 더 애틋하게 느껴지는 희미한 온기.
개념	'아련하다'는 기억이나 모습, 소리 등이 똑똑히 보이지 않고 희미하고 엷게 느껴지는 상태를 의미합니다. 어떤 대상이나 기억이 멀고 아득하게 느껴지는 감각입니다.
용례	❶ 첫사랑의 기억이 안개처럼 아련하게 떠올랐다. ❷ 사진 속 어머니의 젊은 시절 모습이 아련하게만 느껴진다. ❸ 그 시절의 추억은 이제 아련하기만 하다.
닻 단어와의 관계	'애틋하다'는 '안쓰러움(냉기)'과 '사랑스러움(온기)'이 결합된, 현재의 대상을 향한 '미온'의 감정을 아우릅니다. '아련하다'는 그 애틋했던 감정이 과거가 되어, 시간이 지나 희미해졌을 때의 거리감과 상태를 말합니다. 애틋함이 현재의 감정이라면, 아련함은 과거의 애틋함이 남긴 여운입니다.

애틋하다의 쪽단어

딱하다 / 가엾다

체감 온도	**약 35.0°C** 약 35.0°C 상대의 냉기(고통)를 마주하고, 정상 체온(36.5°C)을 가진 나의 마음이 안타까움으로 서늘해지는 연민의 온도. 애틋함의 '냉기' 부분.
개념	'딱하다'와 '가엾다'는 모두 상대를 불쌍하게 여기는 연민의 감정입니다. '딱하다'가 처지가 어렵거나 안됐다는 상황에 대한 연민을 말한다면, '가엾다'는 그 존재 자체가 여리고 약해서 마음을 아프게 한다는 감정에 조금 더 가깝습니다.
용례	❶ 부모 잃은 아이의 처지가 딱하기 그지없었다. ❷ 추위에 떠는 강아지가 가엾어 집으로 데려왔다. ❸ 그는 매사에 자신을 가엾게 여기는 듯한 태도를 보였다.
닻 단어와의 관계	'애틋하다'는 안쓰러움(냉기)과 사랑스러움(온기)이 결합된 복합 미온의 감정입니다. '딱하다/가엾다'는 그중 '안쓰러움(냉기)'이라는 한 축의 감정을 맡습니다. 애틋함은 '가엾지만' 동시에 '사랑스럽다'는 '온기'가 함께하지만, '가엾다'는 연민 그 자체만으로도 성립할 수 있습니다. 애틋함의 '냉기' 쪽 뿌리가 되는 감정입니다.

닻단어

어정쩡하다

여기에도 저기에도 속하지 못한, 마음의 경계선

의미 분명한 태도를 취하지 못하고
모호하고 미지근하게 행동하는 데가 있다.

용례 그는 찬성도 반대도 아닌, 어정쩡한 태도로 일관했다.
두 친구 사이에서 어정쩡하게 눈치만 보는 내 모습이 싫었다.
일어서기도 앉기도 어정쩡한 자세로 한참을 망설였다.

상황 언제?

친한 친구 두 명이 싸웠을 때, 그 중간에서 누구의 편도 들지 못하고 눈치만 볼 때. A와 B 중 하나를 선택해야 하는데 둘 다 포기하지 못해 결정을 미룰 때.

누구에게?

뜨거움도 차가움도 선택하지 못하고 서 있는 '나'의 태도에게. 혹은, 그런 모호함으로 인해 불편함을 느끼는 상대방에게.

온도  약 28.0℃
차갑지도 뜨겁지도 않아 마시기 애매하게 식어버린 물의 온도. '냉기'라 하기엔 차갑지 않고 '온기'라 하기엔 따뜻하지 않아, 어디에도 속하지 못하고 머물러 있는 불안정한 미지근함이다.

'미온'의 감각 중에는 편안한 미지근함이 아닌, 불편하고 거북한 상태를 가리키는 말이 있습니다. '어정쩡하다'가 바로 그렇습니다. '시원섭섭하다'나 '애틋하다'가 뜨거움과 차가움이라는 상반된 기운이 만나 하나의 풍부한 감정을 이룬다면, '어정쩡하다'는 그 둘 사이의 경계선에서 어느 쪽으로도 향하지 못하고 멈춰버린, 불안하고 거북한 상태입니다. 이 감각은 A이기도 하고 B이기도 한 융합이 아니라, A도 아니고 B도 아닌 공허한 분리입니다. 따뜻한 체온이라기엔 너무 차갑고, 차가운 냉기라기엔 미지근한, 그 어디에도 속하지 못하는 온도는 우리를 한없이 불안하게 만듭니다.

중학교 교실은 때때로 이 어정쩡함을 강요하는 공간이 되기도 합니다. 아이들의 세계는 놀라울 만큼 편 가르기에 익숙합니다. 그들 사이에는 수많은 선이 그어집니다. '인기 있는 무리'와 '그렇지 않은 무리', 공부를 우선시하는 무리와 노는 것을 중시하는 무리, A와 친한 무리와 B와 친한 무리. 그 수많은 경계선 속에서, 아이들은 끊임없이 '너는 어느 편이냐'는 암묵적인 질문을 받습니다. 소속을 분명히 하라는 압력을 받는 것입니다.

그때, 자신의 입장이 뚜렷하거나 용기 있는 아이는 자

신의 편을 뜨겁게 선택합니다. 혹은 쌀쌀맞게 모두를 거부하며 자신만의 길을 가기도 합니다. 하지만 대부분의 아이들은 그럴만한 용기나 배짱이 없습니다. 아이들의 마음은 복잡합니다. A의 편을 들자니 오랫동안 함께했던 B가 마음에 걸리고, B의 편을 들자니 당장 나에게 웃어주는 A에게 미움을 살까 두렵습니다. 그래서 그들은 A 무리와 웃고 떠들다가도, B 무리가 복도를 지나가면 슬그머니 거리를 두는 방식을 택합니다.

그 결과, 아이는 어정쩡한 태도를 취하게 됩니다. 여기서도 웃고 저기서도 웃으며, 누구의 편도 아닌 회색분자가 됩니다. 그것은 당장의 갈등을 피하고 모두에게 좋은 사람으로 남고 싶은 아이의 생존 전략입니다. 하지만 아이러니하게도, 그 어정쩡함은 아이를 양쪽 모두로부터 신뢰받지 못하게 만듭니다. 미지근함은 '온기'로도 '냉기'로도 환영받지 못합니다. 뜨거운 관계를 원하는 무리는 그 미지근함을 배신으로 여기고, 차가운 신뢰를 바탕으로 하는 무리는 그 미지근함을 박쥐처럼 여깁니다. 결국 뜨거운 우정도, 차가운 신뢰도 얻지 못하고, 그저 투명한 존재로 남게 될 위험에 처합니다.

이 어정쩡함은 나의 몸짓 하나가 어떤 파장을 일으킬

지 매 순간 계산해야 하는, 피로도가 높은 경계 태세입니다. 양쪽 진영 사이의 좁은 선 위에서 아슬아슬하게 외줄타기를 하는 것과 같습니다. 마음이 쉴 틈이 없습니다.

수업 시간에 토론을 진행할 때면, 이 어정쩡함은 더욱 극명하게 드러납니다. "찬성인가요, 반대인가요?"라는 분명한 선택을 요구하는 질문에, 아이들은 손을 들기를 망설입니다. 어떤 아이는 손을 반쯤 들었다가, 주변을 휙 둘러보고는 자기가 소수임을 확인하고 슬그머니 손을 내립니다. 내 의견이 친구들과 다를까 봐, 혹은 선생님이 원하는 정답과 다를까 봐 두려운 것입니다.

"찬성하는 사람?", "……", "반대하는 사람?". "……" "…그럼 아직 생각 안 해본 사람, 잘 모르겠는 사람?" "저요! 저요!"

아이들은 찬성이나 반대라는 뜨겁거나 차가운 명확한 입장 대신, '생각 안 해봄' 혹은 '잘 모르겠음'이라는 미지근한 도피처로 숨어버립니다. 자신의 의견을 책임져야 하는 부담에서 벗어나려는 것입니다. 어른들은 이런 아이들을 보고 "요즘 아이들은 주관이 없다", "열정이 없다"고 쉽게 비판합니다.

하지만 그 어정쩡함의 이면을 깊이 들여다보면, 그것

이 주관이 없음이라기보다는, 틀리고 싶지 않은 두려움에서 비롯된다는 것을 알게 됩니다. 언제나 정답만을 강요하는 문화 속에서 아이들은 나의 의견을 말하고 그것을 방어하는 훈련을 제대로 받지 못했습니다. 뜨겁게 내 의견을 말했다가 차가운 비난이나 반박을 받는 것이 두려워, 미지근한 안전지대에 머무르는 것입니다. 어정쩡함은 아이들이 스스로를 상처로부터 보호하기 위해 배운, 슬픈 생존 전략일지 모릅니다.

하지만 앞서 말했듯, 어정쩡함은 편한 상태가 아닙니다. 끊임없이 눈치를 봐야 하는, 피곤하고 불안정한 상태입니다. 차라리 뜨겁거나 차가운 쪽을 선택해 그 안에 머무르는 것이 더 명확하고 편안합니다. 이 어정쩡함이라는 불편한 온도는, 성장이 멈춘 상태를 의미합니다. '열기'로 타오르지도, '냉기'로 식어버리지도 못한 채, 그저 부유하는 것입니다. 씨앗이 뜨거운 볕을 받아 싹을 틔우거나 차가운 땅속에서 때를 기다려야 하는데, 그저 미지근한 물 위에 떠 있는 것과 같습니다.

저는 제 아이들이 이 어정쩡함의 불편함을 스스로 깨닫고, 그 아슬아슬한 경계선에서 벗어날 용기를 갖기를 바랍니다. "틀려도 괜찮다. 실수해도 괜찮다. 중요한 것은 너의 온도를 갖는 것이다." 뜨거운 찬성이든 차가운 반대든, 자신만의 분명한 색깔을 가질 때, 비로소 그 미지근한 불안감에서 벗어날 수 있습니다. '어정쩡하다'는 것은, 아직 내가 '나'의 자리를 찾지 못했다는 뜻입니다. 이도 저도 아닌 경계선 위가 아니라, 뜨겁든 차갑든 내가 설 자리를 스스로 선택하는 것. 그것이 어정쩡함이라는 불편한 '미온'을, 비로소 나의 것인 '온기'나 '열기', 혹은 '냉기'로 바꾸는 유일한 방법입니다.

당신의 사전에 '어정쩡하다'를 기록해 보세요.

Q. 최근 어떤 문제에 대해 어정쩡한 태도를 취하고 있나요?

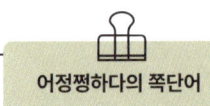
어정쩡하다의 쪽단어

뜨뜻미지근하다 / 미적지근하다

체감 온도	**약 28.0°C** '어정쩡하다'의 온도와 동일하다. 열기(40°C+)도 아니고, 냉기(5°C)도 아니며, 온기(36.5°C)로 머무르기에도 실패한, 매력이 없는 미온.
개념	'뜨뜻미지근하다'는 덥지도 차지도 않아 불분명한 상태를 의미합니다. 비유적으로는, 어떤 일에 대한 태도에 열의나 적극성이 없는 모습을 말합니다. 이도 저도 아닌, 명확한 태도를 보이지 않는 상태입니다.
용례	❶ 그는 내 제안에 대해 뜨뜻미지근한 반응만 보였다. ❷ 차가 식어 뜨뜻미지근해져서 맛이 없었다. ❸ 두 사람의 관계는 사랑도 우정도 아닌, 뜨뜻미지근한 상태였다.
닻 단어와의 관계	'어정쩡하다'는 여기에도 저기에도 속하지 못한 위치의 불안정함을 아우릅니다. '뜨뜻미지근하다'는 그중에서도 열정도 냉담도 없는, 태도의 불분명함을 맡습니다. 어정쩡한 태도를 가진 사람은 뜨뜻미지근한 반응을 보이기 쉽습니다. 어정쩡함이 태도라면, 뜨뜻미지근함은 그 태도에서 느껴지는 기운입니다.

어정쩡하다의 쪽단어

긴가민가하다

체감 온도	**약 33.0°C** 정상 체온(36.5°C)의 확신을 갖지 못하고, 냉기(의심)와 온기(기대) 사이를 오가는 '미온'의 혼란.
개념	'긴가민가하다'는 그런가 아닌가 하여 뚜렷이 분간이 되지 않고 헷갈리는 마음 상태를 의미합니다. 어떤 일에 대해 뚜렷한 확신을 갖지 못하고, 이쪽인지 저쪽인지 헷갈려 하는 인지적 혼란을 말합니다.
용례	❶ 그가 나를 좋아한다고는 하는데, 긴가민가해서 확신이 서지 않는다. ❷ 뚜렷이 껐다고 생각했는데, 가스 불을 껐는지 긴가민가했다. ❸ 너무 오랜만에 만나서, 그 사람인지 아닌지 긴가민가했다.
닻 단어와의 관계	'어정쩡하다'는 태도로 드러난 결과를 아우릅니다. '긴가민가하다'는 그 어정쩡한 태도를 결정하지 못하게 하는 내면의 혼란을 말합니다. 긴가민가하기 때문에 어정쩡하게 행동하는 것입니다. 어정쩡함이 경계선에 서 있는 몸이라면, 긴가민가함은 그 몸을 움직이지 못하게 하는 '혼란스러운 머리'입니다.

어정쩡하다의 쪽단어

미심쩍다

체감 온도	**약 30.0°C** 온기(36.5°C)를 가진 신뢰가 아닌, 냉기(5.0°C)의 의심에 더 가까워진, 불신의 서늘한 미온.
개념	'미심쩍다'는 뚜렷이 믿기지 않아 의심스러운 구석이 있다는 의미입니다. 대상의 말이나 행동에 석연치 않은 부분이 있어, 완전히 신뢰하기 어려운 마음 상태를 말합니다.
용례	❶ 그의 행동에는 어딘가 미심쩍은 부분이 많았다. ❷ 나는 "다 잘됐다"는 그의 말을 미심쩍은 눈초리로 바라보았다. ❸ 아무리 생각해도 미심쩍은 점이 한두 가지가 아니다.
닻 단어와의 관계	'어정쩡하다'는 경계선에 서 있는 태도를 아우릅니다. '미심쩍다'는 그 경계선에 서게 된 이유, 즉 불신을 말합니다. 긴가민가함이 내 확신의 문제라면, '미심쩍음'은 대상의 신뢰 문제입니다. 미심쩍기 때문에 뚜렷한 태도를 취하지 못하고 어정쩡하게 머무르게 됩니다.

어정쩡하다의 쪽단어

멋쩍다 / 겸연쩍다

체감 온도	**약 38.0°C** 어정쩡한(28.0°C) 자신의 상태가 부끄러움(열기)으로 인식되어, 체온이 급격히 상승하는 '민망함'의 미열.
개념	'멋쩍다'와 '겸연쩍다'는 모두 어색하고 쑥스러우며 부끄러운 감각을 의미합니다. '멋쩍다'가 어울리지 않게 쑥스럽다면, '겸연쩍다'는 남을 대하기에 쑥스럽고 부끄러운 감각을 말합니다.
용례	❶ 칭찬을 받자, 그는 멋쩍은 듯 뒷머리를 긁적였다. ❷ 실수한 것이 겸연쩍어서 고개를 들 수 없었다. ❸ 어정쩡하게 서 있다가 그와 눈이 마주쳐 멋쩍게 웃었다.
닻 단어와의 관계	'어정쩡하다'는 이도 저도 아닌 상태를 아우릅니다. '멋쩍다/겸연쩍다'는 그 어정쩡한 상태 때문에 유발되는 부끄러움의 감정입니다. 어정쩡하게 행동하다가, 그 모습이 멋쩍어지는 것입니다. 어정쩡함이 원인이라면, 멋쩍음은 그로 인해 발생하는 결과입니다.

낱단어

덤덤하다
큰 파도가 지나간 뒤의 잔잔한 바다처럼

의미 큰일을 당했으나 감정의 동요가 없이,
놀라거나 흥분하지 않고 차분하다.

용례 그는 이별 통보를 받고도 의외로 덤덤한 표정이었다.
어머니는 큰 수술을 앞두고도 덤덤하게 웃어 보이셨다.
"괜찮아"라고 말하는 그의 목소리는 이상하리만치 덤덤했다.

상황 언제?

예상치 못한 나쁜 소식(시험 탈락, 이별)을 들었지만, 눈물이나 화를 내는 대신 "아, 그래"라고 차분히 받아들일 때. 큰 무대나 중요한 시합을 앞두고도, 설렘이나 안달 없이 평소처럼 임할 때.

누구에게?

나에게 닥쳐온 큰일이나 충격에게.
혹은, 그것에 동요하지 않는 '나' 자신의 마음에게.

온도  약 34.0℃
큰 '열기'나 '냉기'의 파도가 휩쓸고 지나간 뒤, 모든 감정이 가라앉고 평정을 되찾은, 체온보다 살짝 낮은 온도. 뜨겁지도 차갑지도 않은, 고요하고 중립적인 마음의 상태.

중학교 교실은 감정의 극단이 매일같이 충돌하는 곳입니다. 아이들의 마음은 아주 작은 일에도 뜨겁게 끓어올랐다가, 실망스러운 말 한마디에 시리게 얼어붙습니다. 벅차게 감동하고 쌀쌀맞게 토라지며, 그 양극단을 쉴 새 없이 오갑니다. 이처럼 격렬한 '열기'와 '냉기'가 지배하는 공간에서, 그 어느 쪽에도 속하지 않는 온도의 말을 설명하기란 참 어렵습니다. '덤덤하다'라는 말이 그렇습니다.

'덤덤하다'는 마치 모든 '열기'와 '냉기'가 한바탕 휩쓸고 지나간 뒤, 마침내 평형을 되찾은 상태, 감정의 수위가 0(제로)에 가까워진 중립 미온입니다. 그것은 더 이상 뜨겁게 끓어오를 에너지도, 차갑게 얼어붙을 수분도 남지 않은 듯한 고요함입니다.

아이들의 세계에서 이 덤덤함은 가장 이해하기 어려운, 어쩌면 가장 어른스러운 감정의 온도일지 모릅니다. 매 순간이 감정의 기복으로 가득한 아이들에게, 이 아무런 일렁임이 없는 '미온'은 거의 불가능한, 혹은 아주 낯선 감정의 영역입니다.

하지만 저는 가끔, 아이들에게서 이 덤덤함을 발견하고 덜컥 마음이 내려앉을 때가 있습니다. 예를 들어, 모두의 긴장 속에 아주 중요한 시험 성적표가 배부되는 날입니다. 예상대로 교실은 극명하게 나뉩니다. 목표를 이룬 아이들의 환호하는 '열기'와, 예상치 못한 결과에 좌절하는 아이들의 무거운 '냉기'로 순식간에 공간이 채워집니다.

그런데 그 소란스러운 '열기'와 '냉기'의 한가운데서, 지난 몇 달간 그 누구보다 뜨겁게 노력했던 한 아이가, 차마 눈으로 보기에도 처참한 성적표를 받고도 아무 표정 없이 덤덤하게 앉아있는 것을 봅니다. 울지도, 화를 내지도, 실망한 기색조차 보이지 않습니다. 그저 텅 빈 시선으로 자기 자리를 지키고 있습니다.

저는 조용히 그 아이에게 다가가 "괜찮니?"라고 묻습니다. 아이는 천천히 고개를 들어 저를 보고, 울지도 화내지도 않고, 그저 희미하게 거의 웃는 듯한 표정으로 말합니다. "괜찮아요. 뭐... 그럴 줄 알았어요. 어차피 안 될 것 같았어요."

그 덤덤함은 저를 가장 마음 아프게 합니다. 그것은 '열기'로 타오르려 했으나, 너무 많은 '냉기'의 좌절을 반복해서 겪은 나머지, "어차피 해도 안 돼"라며 스스로 감정의 스위치를 꺼버린 '체념(Resignation)'으로서의 덤덤함입니다. 더 이상 상처받지 않기 위해, 시린 고통을 다시 느끼지 않기 위해, 뜨거운 기대 자체를 포기해버린 슬픈 '미온'입니다. 타오르고 싶었으나, 그 열망이 재가 될 때까지 너무 많은 찬물을 맞은 것입니다.

하지만 덤덤함에는 이와 정반대의, 아주 건강하고 긍정적인 얼굴도 있습니다. 그것은 바로 '초연함(Composure)'으로서의 덤덤함입니다.

매년 열리는 학교 축제, 그중에서도 가장 긴장되는 순간인 독창(솔로) 순서에 나서는 아이가 있습니다. 저는 그 아이가 연습실에서 자신의 순서를 기다리며 얼마나 뜨겁게 불안해하고, 목소리가 잘 나오지 않아 안달이 났었는지 곁에서 지켜보았습니다. "너무 떨려서 망칠 것 같아요."라며 울먹이기까지 했습니다.

그런데 막상 무대 조명이 켜지고, 수백 명의 학생이 숨죽여 지켜보는 그 순간, 아이는 놀라울 만큼 덤덤한 표정으로 반주를 기다립니다. 어깨를 펴고, 깊은숨을 한 번 내쉰 그 얼굴에는, 연습실에서의 그 '열기'가 보이지 않습니다. 그리고 노래를 시작합니다.

이 덤덤함은 체념과 다릅니다 자신이 할 수 있는 모든 '열기'를, 모든 노력을 이미 다 쏟아부었기에, 이제는 그 결과를 온전히 하늘에 맡기며 미지근하게 받아들일 준비가 된, 깊고 성숙한 '미온'입니다. 할 만큼 했다는 자기 확신이, 설렘과 불안이라는 통제되지 않는 '열기'를 고요히 잠재운 것입니다.

저는 제 교실의 아이들이 자라면서 이 두 가지 덤덤함을 구분할 줄 아는 어른으로 자라기를 바랍니다. 삶의 좌절에 익숙해져 "어차피 안 돼"라고 일찌감치 말하는 체념의 덤덤함이 아니라, 자신이 통제할 수 없는 결 앞에서, "괜찮아, 이만하면 됐어"라고 스스로를 다독일 수 있는 초연함의 덤덤함을 배우기를 바랍니다. 전자가 상처받지 않기 위한 도피라면, 후자는 상처를 감내하고서라도 나아간 자의 몫입니다.

'덤덤하다'는 것은 결국 내 안의 '열기'와 '냉기'를 모두 겪어내고, 그 격렬한 파도를 온몸으로 통과해낸 사람만이 비로소 도달할 수 있는, 깊고 잔잔한 '미온'의 바다입니다. 그 바다에 이르기까지, 아이들이 너무 많은 '냉기'에 좌절하지 않도록 곁에서 '온기'를 더해주는 것이, 어쩌면 저의 역할일지도 모르겠습니다.

당신의 사전에 '덤덤하다'를 기록해 보세요.

Q. 최근 큰일을 겪고도 덤덤했던 순간이 있다면, 그 감정은 체념에 가까웠나요, 아니면 초연함에 가까웠나요?

Q. 나는 덤덤한 사람을 볼 때, 감정이 메마른 사람이라고 생각하나요, 아니면 내면이 굳건한 사람이라고 생각하나요?

덤덤하다의 쪽단어

담담하다

체감 온도	**약 36.0°C** 정상 체온(36.5°C)에서 감정의 열기만 뺀, 물처럼 맑고 평온한 마음의 온도. 덤덤함의 초연함을 일상으로 지닌 상태.
개념	'담담하다'는 맑을 담(淡)자가 두 번 겹친 말로, 감정의 동요 없이 차분하고 조용한 상태를 의미합니다. 어떤 일에도 쉽게 흥분하거나 흔들리지 않고, 평온을 유지하는 성품을 말합니다.
용례	❶ 그는 큰일 앞에서도 언제나 담담한 태도를 잃지 않았다. ❷ 그녀는 이별의 순간을 담담하게 받아들였다. ❸ 담담한 필체로 써 내려간 그의 글에서 오히려 깊은 슬픔이 느껴졌다.
닻 단어와의 관계	'덤덤하다'는 큰 파도(사건)가 지난 뒤에 찾아온 감정의 평정 상태(반응)를 아우릅니다. '담담하다'는 그 덤덤한 반응을 가능하게 하는 본래의 성품을 말합니다. 즉, 담담한 성품을 지닌 사람이 덤덤하게 반응할 수 있습니다.

덤덤하다의 쪽단어

무덤덤하다

체감 온도	**약 30.0°C** 정상 체온(36.5°C)의 관심이나 공감 능력을 상실하여, '열기'도 '냉기'도 느끼지 못하는 '무감각'의 미온.
개념	'무덤덤하다'는 '없을 무(無)'가 더해진 말로, 관심이나 감흥이 아예 없는 상태를 의미합니다. 어떤 일에 대해 아무런 반응이나 느낌이 없이 무관심한 태도를 말합니다. 감정이 마비된 듯한 모습입니다.
용례	❶ 그는 칭찬에도, 비난에도 무덤덤한 표정이었다. ❷ 타인의 고통에 무덤덤한 모습이 안타깝다. ❸ 반복되는 일상에, 모든 것이 무덤덤하게만 느껴진다.
닻 단어와의 관계	'덤덤하다'는 파도가 지난 뒤의 고요함(초연/체념)을 아우릅니다. '무덤덤하다'는 그와 달리 파도가 치고 있는데도 아무것도 느끼지 못하는 무관심의 상태를 말합니다. 덤덤함이 감정의 스위치를 끈 결과라면, 무덤덤함은 감정의 스위치 자체가 고장 난 듯한 상태입니다.

덤덤하다의 쪽단어

심심하다 / 무료하다

체감 온도	**약 35.0°C** 아무런 열기(자극)나 냉기(긴장)가 없어, 정상 체온(36.5°C)이 지루함으로 서서히 식어가는 권태의 온도.
개념	'심심하다'는 할 일이 없거나 관심 가는 일이 없어 지루하고 재미없는 상태를 의미합니다. 어떤 자극이나 흥미를 바라지만 그것이 주어지지 않아 무료함을 느끼는 감정입니다.
용례	❶ 주말 내내 집에만 있으니 심심해서 견딜 수 없었다. ❷ 아이는 장난감이 고장 나자, 금세 심심하다며 졸라댔다. ❸ 그의 이야기는 너무 교과서적이어서 심심하게 들렸다.
닻 단어와의 관계	'덤덤하다'는 큰 파도(사건)가 지난 뒤의 고요함을 아우릅니다. '심심하다'는 그와 달리 파도 자체가 없는 지루함의 상태를 말합니다. 덤덤함은 큰 감정을 겪고 난 후의 평온함일 수 있지만, 심심함은 어떤 자극을 바라는 무료함입니다.

덤덤하다의 쪽단어

한갓지다

체감 온도	**약 36.0°C** '열기(40°C+)'로 '뜨거웠던' 일과가 끝나고, 정상 체온(36.5°C)으로 돌아와 '휴식'하는 평화의 온도. 덤덤함의 초연함이 여유로 발현된, '온기'에 가까운 '미온'.
개념	'한갓지다'는 한가롭고 조용한 상태를 의미합니다. '심심하다'가 지루함에 가깝다면, '한갓지다'는 여유에 가깝습니다. 바쁜 일에서 벗어나, 아무런 자극 없이 고요함과 여유를 즐기는 긍정적인 상태입니다.
용례	❶ 바쁜 일이 끝나고 모처럼 한갓진 오후를 즐겼다. ❷ 시골의 한갓진 모습이 마음을 편안하게 했다. ❸ 책이나 읽으며 한갓지게 지내고 싶다.
닻 단어와의 관계	'덤덤하다'는 파도가 지나간 뒤의 감정의 평정을 아우릅니다. '한갓지다'는 그 덤덤한 평정의 상태가 여유로운 시간과 고요한 공간으로 지속되는 모습을 말합니다. 넘넘함이 감정이라면, 한갓짐은 그 감정으로 즐기는 상태이자 여유입니다.

낯단어

씁쓸하다

단맛이 사라진 자리에 남는 옅은 뒷맛

의미 맛이 조금 쓰다.
마음에 차지 않아 기분이 좋지 않거나 허무하고 안타깝다.

용례 열심히 노력했지만 인정받지 못해 마음이 씁쓸했다.
불공정한 판정으로 경기에 져서 씁쓸한 뒷맛을 남겼다.
친했던 친구가 변해버린 모습을 보니 어쩐지 씁쓸했다.

상황 언제?

열심히 노력했지만, 그 노력을 정당하게 인정받지 못했을 때. 내가 응원하던 팀이 불공정한 판정으로 졌을 때. 친했던 친구가 이해할 수 없는 이유로 변해버린 모습을 보았을 때.

누구에게?

나의 기대를 저버린 그 결과에게.
혹은, 부조리하거나 허무한 세상의 이치에게.

온도  약 20.0℃
뜨거운 열기나 따뜻한 온기를 기대했으나, 그 모든 것이 식어버린 뒤에 남은, 식어버린 커피 같은 온도. 냉기처럼 차갑진 않지만, 허무함과 실망감이 남긴, 뒷맛이 개운치 않고 서늘한 미지근함이다.

우리가 쏟아부은 열정이 언제나 달콤한 보상으로 돌아오는 것은 아닙니다. 때로는 노력의 결과가 기대에 미치지 못해 아쉽다고 말합니다. 하지만 '아쉽다'는 감정에는 "조금만 더 하면 다음엔 '열기'에 닿을 수 있다"는 미련과 희망이 섞여 있습니다. 그것은 여전히 열기를 향해있는 미온입니다.

하지만 '씁쓸하다'는 아쉽다와는 다릅니다. 이 감정은 희망이 아닌, 체념에 가까운 미온입니다. 기대했던 단맛 대신, 전혀 예상치 못했던 쓴맛을 보았을 때의 허무함과 실망감이 뒤섞인 상태입니다. 아쉬움이 다음을 기약한다면, 씁쓸함은 해봤자 소용없다며 마음의 문을 닫으려는 기운입니다.

중학교 교실은 아이들이 인생의 쓴맛을 처음 배우는 곳이기도 합니다. 아이들의 세계는 아직 복잡하지 않습니다. 그들은 본능적으로 공정함에 민감하며, 열심히 노력하면 단맛(보상)이 따른다는 단순하고 뜨거운 법칙을 굳게 믿습니다. 노력은 배신하지 않는다는 말, 그것이 아이들이 세상을 향해 가진 첫 번째 믿음입니다 하지만 교실은, 그리고 앞으로 마주할 세상은 늘 그렇게 이상적으로 작동하지 않습니다. 그 믿음이 깨지는 순간, 아이들은 씁쓸함을 배웁니다.

　반 대항 축구 시합 결승전이 열렸습니다. 우리 반 아이들은 승리를 위해 정말 뜨겁게 연습했습니다. 해가 진 뒤에도 운동장에 남아 땀을 흘렸습니다. 하지만 경기 당일, 경기의 흐름을 바꿀 만큼 명백한 상대편의 반칙을 심판이 보지 못했습니다. 결국 그 한 골이 빌미가 되어 우리 반은 졌습니다. 경기가 끝난 뒤, 아이들은 예상과 달리 울거나 격렬하게 화내지 않았습니다. '열기'도 '냉기'도 아니었습니다. 그저 벤치에 주저앉아 흙 묻은 유니폼을 내려다보며 "이겨도 기분 더럽다", "열심히 하면 뭐하냐"라며 나지막이 내뱉었습니다.

　그때 아이들의 표정에 서린 감정, 그것이 바로 '씁쓸하다'입니다. 이것은 그냥 아쉬운 것이 아닙니다. 자신들의 순수한 열정이 이해할 수 없는 부조리에 의해 무력하게 꺾였을 때 느끼는 깊은 허탈함입니다. 씁쓸함은 그 어떤 '냉기'보다도, 아이들의 순수한 '열기'를 더욱 차갑게 식혀버리는 아주 무거운 '미온'입니다.

　교실을 지켜보는 입장에서, 이 씁쓸함의 순간을 마주할 때가 유독 마음이 힘듭니다. 교내 글짓기 대회에서, 자신만의 독창적인 시선으로 서툴지만 '열기' 가득한 글을 쓴 아이 대신, 어른들의 입맛에 맞는 틀에 박힌 모범 답안을 쓴 아이가 상을 받을 때. 혹은, 뜨겁게 노력한 아이가 작은 실수로 시험을 망치고, 요행으로 정답을 찍은 아이가 더 좋은 점수를 받았을 때.

그 노력한 아이의 표정에서 저는 아쉬움이 아닌 씁쓸함을 봅니다. 아이가 애써 웃으며 "운이 없었어요"라고 미지근하게 말할 때, 저는 그 체념의 무게를 느낍니다. 그것은 뜨거운 단맛을 기대하고 입을 벌렸는데, 차갑게 식어버린 쓴 재가 입안에 들어온 것과 같은 감각입니다.

이 씁쓸함은 어쩌면 아이들이 어른의 맛을 배우는 첫 순간일지 모릅니다. 세상이 항상 내가 믿었던 것처럼 공정하지 않으며, 나의 '열기'가 언제나 따뜻한 '온기'로 되돌아오지는 않는다는 냉정한 현실을 깨닫는 순간입니다.

하지만 이 씁쓸함을 맛보았을 때, "세상은 원래 그래"라며 미지근한 체념에 영원히 머물러서는 안됩니다. 이 감정은 덤덤하게 받아들이는 것과도 다릅니다. 덤덤함이 이미 지나간 파도를 받아들이는 것이라면, 씁쓸함은 그 파도가 남기고 간 온갖 썩은 부유물들을 그저 무기력하게 바라보는 기분에 가깝습니다. 그 자리에 주저앉아 버리는 것입니다.

그 쓴맛을 기억하되, 그것이 나의 소중한 '열기'를 전부 꺼뜨리도록 내버려 두지 않기를 바랍니다. 씁쓸함은 끝이 아니라, 세상을 더 깊이 이해하게 되는 하나의 단계로서의 '미온'임을 알려주고 싶습니다. 그 쓴맛이 다음의 단맛을 더 값지게 느끼게 할 미각을 훈련시키는 단계라고 말입니다. 그리고 그 쓴맛 속에서도, 다시 단맛을 찾아낼 '열기'를 포기하지 않는 사람이 되어야 합니다.

당신의 사전에 '씁쓸하다'를 기록해 보세요.

Q. 최근 어떤 일의 결과를 두고 아쉽다를 넘어 씁쓸하다고 느꼈나요?

Q. 그 씁쓸함은 주로 허무함에서 왔나요, 아니면 부조리함이나 불공정함에서 왔나요?

쓸쓸하다의 쪽단어

하염없다

체감 온도	**약 22.0°C** '쓸쓸함(20.0°C)'이라는 '미온'의 허무함에 잠겨, 정상 체온(36.5°C)의 '현실 감각'을 잃어버리고 멍하니 '식어가는' 상태.
개념	'하염없다'는 시름이나 생각에 잠겨 멍하니 있는 모습, 혹은 그침 없이 계속되는 상태를 의미합니다. 어떤 감정에 사로잡혀 다른 아무것도 하지 못하고 멍하니 있거나, 어떤 행동을 그칠 줄 모르고 계속하는 모습입니다.
용례	❶ 그녀는 창밖을 바라보며 하염없이 눈물을 흘렸다. ❷ 떠나간 버스를 하염없이 바라보는 그의 모습이 쓸쓸해 보였다. ❸ 하염없이 걷다 보니, 어느새 낯선 동네에 도착해 있었다.
닻 단어와의 관계	'쓸쓸하다'는 단맛이 사라진 허무함의 감정을 아우릅니다. '하염없다'는 그 쓸쓸한 감정에 잠겨 아무것도 하지 못하는 행동의 상태를 말합니다. 쓸쓸한 마음에, 하염없이 창밖만 바라보는 것입니다. 쓸쓸함이라는 감정이 시간 속에서 지속될 때의 '무기력한' 모습입니다.

씁쓸하다의 쪽단어

하찮다 / 변변찮다

체감 온도	**약 10.0°C** 뜨거운 열기(40°C+)로 소중하게 여겼던 대상이, 정상 체온(36.5°C)의 가치조차 없는 차가운 돌멩이였음을 깨달았을 때의 냉기.
개념	'하찮다'와 '변변찮다'는 모두 가치나 보람이 없어 보잘것없는 상태를 의미합니다. '하찮다'가 대수롭지 않다는 뜻이라면, '변변찮다'는 제대로 갖추어지지 못했다는 뜻입니다. 모두 가치가 없음을 깨달았을 때의 감각입니다.
용례	❶ 영원할 것 같던 사랑도, 지나고 보니 하찮은 감정싸움이었다. ❷ 그는 변변찮은 재주 하나 없는 자신을 탓했다. ❸ 내가 그토록 원했던 것이, 실은 이렇게 하찮은 것이었다니 씁쓸하다.
닻 단어와의 관계	'씁쓸하다'는 단맛이 사라진 허무함을 아우릅니다. 하찮다/변변찮다는 "내가 쏟은 열정이 고작 이 하찮은 것이었나" 하고 가치를 폄하하는 '냉기'의 감정을 말합니다. 씁쓸함이 결과에 대한 감성이라면, 하찮음은 대상에 대한 가치 평가입니다. 하찮은 결과를 마주할 때 씁쓸함을 느낍니다.

씁쓸하다의 쪽단어

언짢다

체감 온도	**약 30.0°C** 정상 체온(36.5°C)의 평온함이, 외부의 불쾌한 자극과 부딪혀 서늘하게 식어버린 불쾌의 미온. 씁쓸함(20.0°C)의 시작이 되는 기분 나쁨.
개념	'언짢다'는 마음에 들지 않아 기분이 좋지 않은 상태를 의미합니다. 무언가가 뜻대로 되지 않거나, 부당한 일을 겪어 속이 불쾌하고 거북한 느낌을 말합니다.
용례	❶ 그의 무례한 말투에 속이 언짢았다. ❷ 시험 결과가 좋지 않아, 선생님은 언짢은 기색을 감추지 못했다. ❸ 날씨 탓인지, 사소한 일에도 마음이 언짢아졌다.
닻 단어와의 관계	'씁쓸하다'는 단맛을 기대했다 쓴맛을 본 허무함을 아우릅니다. '언짢다'는 그 쓴맛을 처음 혀에 댔을 때의 불쾌함의 영역을 맡습니다. 언짢음이 불만과 짜증에 가깝다면, 씁쓸함은 불만을 포함해 체념이나 허탈함까지 이르는 더 깊은 감정입니다. 언짢은 일이 쌓이면, 씁쓸한 마음이 됩니다.

씁쓸하다의 쪽단어

허탈하다

체감 온도	**약 34.0°C** 뜨거운 열기(40°C+)로 애썼던 몸과 마음이, 허무한 결과를 마주하고 정상 체온(36.5°C) 아래로 기운이 뚝 떨어지는 탈진의 미온.
개념	'허탈하다'는 빌 허(虛)와 벗을 탈(脫)이 만난 말입니다. 몸의 기운이 다 빠져나가 텅 빈 상태를 의미합니다. 애쓴 보람도 없이 일이 끝나거나, 긴장이 풀리면서 기운이 빠지고 어이없어 멍한 마음입니다.
용례	❶ 모든 노력이 물거품이 되자, 허탈한 웃음만 나왔다. ❷ 밤새워 준비한 일이 취소되자, 허탈함에 몸을 가눌 수 없었다. ❸ 그는 챔피언이 된 기쁨보다, 모든 것이 끝났다는 허탈함을 먼저 느꼈다.
닻 단어와의 관계	'씁쓸하다'는 단맛을 기대했다 쓴맛을 본 뒷맛을 아우릅니다. '허탈하다'는 그 씁쓸함의 원인 중 하나로, 열정을 쏟은 후에 오는 기운 빠짐과 허무함을 맡습니다. 씁쓸함이 감정이라면, 허탈함은 그 감정을 느끼는 몸과 마음의 상태입니다. 허탈해서 씁쓸한 것입니다.

「우리말의 온도 사전」 펀딩 후원자 명단

긔엽냥	박진유
김보람	박현진
김병희	삼족오
김세현	선인장
나나	소연
너구리	수아
만춘, 류옥하	신동주
린린	신은희
박기현	안다미로
박준영	안현식

안혜민	조영주
애쉬호	지수
얀얀	최민혁
예니	한가연
윤지혜	한승주
이규재	허성원
이민정	홍채연
이우열	황영호
임경현	jeungwoo93
장하영	rnrH.

후원해 주신 모든 분들께
진심으로 감사의 말씀을 드립니다.

우리말의 온도사전

초   판 1쇄 발행 2025년 11월 20일

지은이 김윤정

펴낸이 김민성
편   집 이성은
디자인 한지원

펴낸곳 구텐베르크
주   소 경기도 수원시 광교로156 광교비즈니스센터 6층
전   화 070-8019-3287   **메   일** team@gutenberginc.com
인스타그램 @gutenberg.pub   **블로그** blog.naver.com/gutenberg_

- 이 책은 저작권법에 따라 보호를 받는 저작물이므로 무단 전재와 무단 복제를 금지하며, 이 책 내용의 전부 또는 일부를 이용하려면 반드시 저작권자와 구텐베르크 출판사의 동의를 받아야 합니다.
- 책값은 뒤표지에 있습니다. 잘못된 책은 구입처에서 교환해 드립니다.

ISBN   979-11-994384-8-4   03810

새로운 시대를 위한 영감, 구텐베르크 출판사입니다. 좋은 도서만을 제작하겠습니다.